Genossenschaftliche Zeit- und Streitfragen.
Begründet von
Ludwig Parisius und Dr. Hans Crüger,
fortgeführt von
Dr. Hans Crüger.

Heft 16. Heft 16.

Buchführung für Lieferungsgenossenschaften

und ähnliche Genossenschaftsarten nach amerikanischem System.

Bearbeitet im Auftrage
des Allgemeinen Verbandes der Deutschen Erwerbs- und Wirtschaftsgenossenschaften und des Handwerks- und Gewerbekammertages
von

Ad. Renke
Direktor der Gewerbebank zu Hannover,
eingetr. Genossenschaft m. b. H.

Ad. Kröger
Direktor der Vereinsbank Vacha,
eingetr. Genossenschaft m. u. H.

Berlin 1917.
J. Guttentag, Verlagsbuchhandlung,
G. m. b. H.

Inhaltsverzeichnis.

Anhang: **Formulare.**

Vorwort.

Bei der im Auftrage des Allgemeinen Verbandes der Deutschen Erwerbs- und Wirtschaftsgenossenschaften und des Handwerks- und Gewerbekammertages erfolgten Bearbeitung der vorliegenden Buchführung für Lieferungsgenossenschaften und ähnliche Genossenschaftsarten sind die Verfasser von dem Grundsatz ausgegangen, dem Lernenden ein Lehrbuch in die Hand zu geben, nach dessen Studium er auch ohne vorherige Kenntnisse in der Buchführung in der Lage sein soll, nicht nur diese Buchführung zu verstehen, sondern sie auch praktisch anwenden und den jeweiligen Sonderbedürfnissen anpassen zu können. Dementsprechend enthält die Schrift den vollständigen Lehrgang einer Hauptbuchführung für eine Sattler-Lieferungsgenossenschaft mit Zuschneidebetrieb, von der Eröffnungsbilanz an bis zum vollendeten Abschluß einschließlich Gewinnverteilung, ferner den abgekürzten Lehrgang einer Hauptbuchführung für eine Schneider-Lieferungsgenossenschaft ohne Zuschneidebetrieb und schließlich eine Lagerbuchführung für die letztere Genossenschaft mit zahlreichen Formularen. Bei den Erläuterungen sowohl wie bei den Formularen ist auf weitgehende Allgemeinverständlichkeit und leichte Übersichtlichkeit Bedacht genommen; fremde Fachausdrücke sind nach Möglichkeit vermieden und durch deutsche Worte ersetzt. Die für Lieferungsgenossenschaften in Frage kommenden wichtigsten Bestimmungen des Handelsgesetzbuches und des Genossenschaftsgesetzes sind an passender Stelle eingefügt.

Nicht nur den Vorstandsmitgliedern und sonstigen Genossenschaftsbeamten soll die Schrift eine sichere

Unterlage für die Einrichtung einer einfachen und zweckentsprechenden Buchführung bilden, sondern auch den Aufsichtsratmitgliedern eine willkommene Beihilfe sein zur Erleichterung ihrer Revisionstätigkeit.

Die Verfasser hoffen, daß dieses Lehrbuch eine gute Aufnahme finden möge, und erklären sich gern bereit, über Einzelheiten besondere Auskünfte zu erteilen; auch werden Anregungen zu zweckentsprechenden Abänderungen gern und mit Dank entgegengenommen werden.

Hannover und Vacha a./W., Juli 1917.

Die Verfasser.

Buchführung für Lieferungsgenossenschaften.

I. Teil.

Allgemeines.

Infolge der in der letzten Zeit, verursacht durch die Heereslieferungen, vielfach erfolgten Gründungen von Lieferungsgenossenschaften hat sich das Bedürfnis nach einer einfachen, zweckentsprechenden Buchführungsmethode für Lieferungsgenossenschaften herausgestellt.

In nachfolgendem soll den zur Leitung einer derartigen Lieferungsgenossenschaft berufenen Handwerksmeistern eine Anleitung zu einer solchen Buchführung gegeben werden. Die Schrift enthält in dem I. Teil, „Allgemeines", Erläuterungen über Lieferungsgenossenschaften, Zweck und Wesen der Buchführung u. a., in dem II. Teil den vollständigen Lehrplan einer Buchführung für eine Sattler-Lieferungsgenossenschaft einschl. Eröffnungsbilanz, Inventur, Abschluß aller Konten und Schlußbilanz und in dem III. Teil den abgekürzten Lehrplan einer Buchführung für eine Schneider-Lieferungsgenossenschaft unter besonderer Berücksichtigung der Lagerbuchführung.

Unter Lieferungsgenossenschaften versteht man Genossenschaften, deren Zweck es ist, eine Anzahl von Berufsgenossen, namentlich aus den Handwerkerkreisen, zu vereinigen und diese durch gemeinsamen Großeinkauf von Rohmaterial, Anschaffung von Maschinen zur Benutzung für die einzelnen Mitglieder oder zur Vorarbeitung des Rohmaterials in den Stand zu setzen, von den Genossenschaften übernommene umfangreiche Aufträge, besonders auch Staatslieferungen, die bislang nur der Großindustrie vorbehalten waren, gemeinsam auszuführen.

Je nach der Einrichtung des Geschäftsbetriebes wird man vier Arten von Lieferungsgenossenschaften unterscheiden müssen und zwar:

a) Genossenschaften, die ihren Mitgliedern die vollständige Ausführung von Teilen der übernommenen Aufträge einschließlich der Materiallieferungen übertragen;

b) Genossenschaften, die die erforderlichen Rohmaterialien selbst beziehen und nur die technische Ausführung der Arbeiten ihren Mitgliedern überlassen;

c) Genossenschaften, welche die erforderlichen Rohmaterialien fertig vorgearbeitet beziehen und die Fertigstellung der Waren durch ihre Mitglieder ausführen lassen;

d) Genossenschaften, die die erforderlichen Rohmaterialien selbst beschaffen, diese in eigenen Betrieben vorarbeiten (Zuschnitt, Maschinenbearbeitung) und nur die Fertigstellung der Waren durch ihre Mitglieder ausführen lassen.

Mit Rücksicht darauf, daß die Buchführung für Genossenschaften der letzteren Art am verzweigtesten ist, ist in dem vorliegenden Lehrplane der Geschäftsverkehr einer Genossenschaft dieser Art (Lieferungsgenossenschaft der Sattler in B.) ausführlich behandelt worden. Außerdem wird die Buchführung einer Lieferungsgenossenschaft der unter c bezeichneten Art (Lieferungsgenossenschaft der Schneider in B.) eingehend erläutert werden. Damit dürften jeder Lieferungsgenossenschaft hinreichende Unterlagen gegeben sein, eine für ihre Zwecke passende Buchführung einzurichten.

Nach § 38 des Handelsgesetzes ist jeder Kaufmann verpflichtet, Bücher zu führen und in diesen seine Handelsgeschäfte und die Lage seines Vermögens nach den Grundsätzen ordnungsmäßiger Buchführung ersichtlich zu machen. Die §§ 39 und 40 enthalten dann die Bestimmung, daß bei Eröffnung des Geschäfts eine sogenannte Eröffnungsbilanz und am Schluß eines jeden Geschäftsjahres eine Bilanz aufzustellen ist. Diese Bestimmungen sind auf Grund des § 33 des Genossenschaftsgesetzes sinngemäß auch für die Leitung einer Lieferungsgenossenschaft maßgebend. Sie sagen in kurzen Worten neben den Bestimmungen über die Aufstellung der Eröffnungs- und der Jahresbilanzen nur, daß aus den Geschäftsbüchern die sämtlichen Geschäftsvorfälle und die Vermögenslage der Geschäftsinhaber ersichtlich sein müssen. Weitere Vorschriften über Art und Formen der einzelnen Bücher enthält weder das Handelsgesetz noch das Genossenschaftsgesetz; es bleibt deshalb freigestellt, die Bücher so einzurichten, daß sie in jedem Einzelfalle als zweckmäßig sich erweisen. Aus diesem Umstande hat sich naturgemäß eine außerordentliche Mannigfaltigkeit in der Anlegung der Geschäftsbücher entwickelt.

Eine bis in alle Einzelheiten für jede Lieferungsgenossenschaft passende Buchführung zu entwerfen, erscheint unmöglich. Der vorliegende Lehrgang soll daher auch nur ausreichende Belehrung geben, wie im Einzelfalle eine passende Buchführung einzurichten ist. Eine solche muß unter allen Umständen folgenden Anforderungen entsprechen:

1. Forderungen und Schulden müssen, möglichst mit Angabe der Fälligkeit der Einzelbeträge, jederzeit leicht erkennbar sein, damit die Genossenschaft zwecks Sicherung der eigenen Zahlungsfähigkeit Fälligkeit und Umfang der eigenen Verbindlichkeiten und Außenstände sicher und schnell ermitteln kann.

2. Am Jahresschluß müssen die Vermehrungen oder Verminderungen des eigenen Vermögens, also der im Geschäftsjahr erzielte Gewinn oder Verlust, ferner die Unkosten und der erzielte Umsatz, letzterer möglichst nach bestimmten Zeitabschnitten, vielleicht monatlich getrennt, festgestellt werden können, damit die Genossenschaft bei ungenügendem Ertrage des Geschäfts sich schlüssig werden kann, ob die gemachten Selbstkostenrechnungen richtig waren, ob Maßnahmen zur Erweiterung des Geschäfts oder Abänderung einzelner Geschäftszweige ratsam erscheinen, ob Veruntreuungen stattgefunden haben, ob eine Verminderung der Unkosten angestrebt werden muß.

3. Für eine richtige Steuererklärung muß der im Geschäft allein, also mit Ausschluß sonstiger Einnahmen erzielte Reingewinn nachweisbar sein und endlich müssen die ordnungsmäßig geführten Bücher als Beweismittel bei Prozessen und bei Feuerschäden dienen können.

An Buchführungssystemen unterscheidet man die einfache deutsche und die doppelte italienische Buchführung.

Eine Abart der doppelten Buchführung ist die infolge ihrer leichten Erlernbarkeit und ihrer Anpassungsfähigkeit in den letzten Jahren sehr in Aufnahme gekommene sog. amerikanische Buchführung nach dem Kolonnensystem. Die vorliegende Buchführung für Lieferungsgenossenschaften ist nach diesem System aufgebaut; sie nähert sich in der Anordnung des Tagebuches den Formen der vom Hansabunde herausgegebenen Hansa-Buchführung.

II. Teil.

Buchführung für eine Sattlerlieferungsgenossenschaft.

Dem nachfolgenden Lehrgange ist der Geschäftsverkehr einer Genossenschaft von Sattlern zugrunde gelegt. Die Genossenschaft kauft alles erforderliche Material selbst und läßt dieses im eigenen mit Maschinen ausgestatteten Betriebe v o r arbeiten; die Fertigstellung der Waren wird dann in kleineren Posten den Mitgliedern übertragen.

Die Genossenschaft ist im Juni 1915 gegründet und in das Genossenschaftsregister eingetragen. Der Geschäftsbetrieb ist am 1. Juli 1915 eröffnet. Nach dem Statut beträgt der Geschäftsanteil ℳ 1000,— und die Haftsumme für jeden Geschäftsanteil ℳ 2000,—. Jedes Mitglied kann zwei Geschäftsanteile erwerben. Der erste Geschäftsanteil muß beim Eintritt des Mitgliedes voll eingezahlt werden. An Eintrittsgeld hat jedes Mitglied ℳ 20,— zu zahlen, die dem Rücklage-Konto zufließen. Zur Verstärkung der Betriebsmittel haben zwei Mitglieder der Genossenschaft je ℳ 20 000,— gegen 5 % Zinsen jährlich zur Verfügung gestellt.

Die Genossenschaft unterhält bei der Gewerbebank ein Bankkonto und verfügt über ihr Bankguthaben durch Barabhebungen, Ausschreiben von Schecks, Überweisungen und durch Zahlbarstellung ihrer Akzepte. Zur Deckung von Warenschulden gibt die Genossenschaft manchmal eigene Akzepte; sie nimmt von ihren Abnehmern Wechsel in Zahlung, die sie bei ihrer Bank diskontiert, d. h. ihrer Bank verkauft oder bei Fälligkeit selbst einzieht bezw. durch ihre Bank einziehen läßt.

Der Vorstand der Genossenschaft besteht aus drei Personen. Die Buchführung ist geteilt in

Hauptbuchführung und
Lagerbuchführung.

Dem ersten Vorstandsmitgliede (kaufmännischer Leiter) ist die kaufmännische Leitung und die Hauptbuchführung, dem zweiten Vorstandsmitgliede die Leitung der Warenherstellung und die Lagerbuchführung zugewiesen, dem dritten Vorstandsmitgliede liegt die Erledigung sonstiger Geschäfte und die Unterstützung des ersten und zweiten Vorstandsmitgliedes ob.

Für die Hauptbuchführung sind folgende Bücher unbedingt erforderlich:

Inventur- und Bilanzbuch,
Tagebuch,
Hauptbuch,

deren Zweck und Führung zunächst besprochen werden soll.

Inventur- und Bilanzbuch.

Als Inventur oder Inventar bezeichnet man die Aufnahme aller vorhandenen Werte und aller Schulden. Es sei hier besonders darauf hingewiesen, daß die Guthaben der Mitglieder auf Geschäftsanteilkonto kein Vermögen der Genossenschaft, sondern Schulden derselben darstellen. Diese Guthaben und ebenso auch die Rücklagen sind nur in dem Sinne Vermögen der Genossenschaften, daß sie für die Verbindlichkeiten der Genossenschaften haften und in Anspruch genommen werden können. Beim Ausscheiden von Genossen sind deren Guthaben auf Geschäftsanteilkonto und bei Auflösung der Genossenschaft sind die nach beendeter Liquidation verbleibenden Rücklagen an die Genossen auszukehren.

Die Bilanz ist die Gegenüberstellung der Vermögensbestandteile und der Schulden zwecks Ermittelung des reinen Vermögens oder der Überschuldung. Ferner ist aus der Bilanz zu erkennen, ob seit Aufstellung der letzten Bilanz ein Gewinn erzielt oder ob mit Verlust gearbeitet ist.

Inventur und Bilanz werden zweckmäßig in ein Buch eingetragen; zulässig ist natürlich auch, für Inventur und Bilanz gesonderte Bücher anzulegen. Nicht zu empfehlen ist es, für die Bilanzen lose Blätter zu verwenden. Bei Eröffnung des Geschäfts ist eine Eröffnungsbilanz und nach Schluß eines jeden Geschäftsjahres eine Bilanz aufzustellen. § 39 und 40 des Handels-Gesetzbuches sagen hierüber folgendes:

> § 39. Jeder Kaufmann hat bei dem Beginn seines Handelsgewerbes seine Grundstücke, seine Forderungen und Schulden, den Betrag seines baren Geldes und seine sonstigen Vermögensgegenstände genau zu verzeichnen, dabei den Wert der einzelnen Vermögensgegenstände anzugeben und einen das Verhältnis des Vermögens und der Schulden darstellenden Abschluß zu machen.
>
> Er hat demnächst für den Schluß eines jeden Geschäftsjahres ein solches Inventar und eine solche Bilanz aufzustellen; die Dauer des Geschäftsjahres darf zwölf Monate nicht überschreiten. Die Aufstellung des Inventars und der Bilanz ist innerhalb der einem ordnungsmäßigen Geschäftsgang entsprechenden Zeit zu bewirken.
>
> Hat der Kaufmann ein Warenlager, nach dem bei der Beschaffenheit des Geschäfts die Aufnahme des Inventars nicht füglich in jedem Jahre geschehen kann, so genügt es, wenn sie alle 2 Jahre erfolgt. Die Verpflichtung zur jährlichen Aufstellung der Bilanz wird hierdurch nicht berührt.
>
> § 40. Die Bilanz ist in Reichswährung aufzustellen. Bei der Aufstellung des Inventars und der Bilanz sind sämtliche Vermögensgegenstände und Schulden nach dem Werte anzusetzen, der ihnen in dem Zeitpunkte beizulegen ist, für welchen die Aufstellung stattfindet.
>
> Zweifelhafte Forderungen sind nach ihrem wahrscheinlichen Werte anzusetzen, uneinbringliche Forderungen abzuschreiben.

Inventur und Bilanz sind vom Vorstande der Genossenschaft zu unterschreiben.

Tagebuch.

Das Tagebuch ist insofern das wichtigste Buch, weil einerseits die auf den einzelnen Konten vorhandenen Bestände durch Aufzählen in wenigen Minuten ermittelt werden können, andererseits die mehr oder weniger zweckmäßige Bildung und Anordnung der Konten im Tagebuch geeignet ist, die Arbeit und den Zweck der Buchführung zu erleichtern oder zu erschweren.

Die verschiedenen vorhandenen Bearbeitungen des Tagebuchs unterscheiden sich hauptsächlich dadurch, daß entweder wie bei Hofmeister, Wüster und Hartjenstein

zuerst der Geschäftsvorfall eingetragen wird und danach die einzelnen Konten mit Soll- und Haben-Kolonne direkt nebeneinander folgen,

oder wie bei der Hansa-Buchführung

der Geschäftsvorfall in der Mitte eingetragen und sämtliche Konten mit den Belastungs-Kolonnen links und den Gutschrifts-Kolonnen rechts angeordnet sind.

Diese letztere Anordnung ist auch für die vorliegenden Tagebuch-Formulare benutzt; sie erscheint übersichtlicher und besser geeignet, die Verwechslung von Belastung und Gutschrift zu verhindern. Sämtliche Belastungen sind also links, sämtliche Gutschriften rechts vom Geschäftsvorfall einzutragen. Alle zu führenden Konten sind von der Mitte (Geschäftsvorfall) nach außen in gleicher Reihenfolge auf beiden Seiten vorhanden, und zwar ist darauf Bedacht genommen, diejenigen Konten, auf denen weniger Buchungen zu erwarten sind, nach außen zu legen.

Um die Zahl der Konten möglichst zu beschränken und ein unhandliches Format zu vermeiden, ist ein „Konto für Verschiedene" vorgesehen. In demselben sind untergebracht: Inventar-, Maschinen- und Geräte-, Grundstücks-, Hypotheken-, Geschäftsanteil-, Gewinnanteil-, Rücklagen-, Betriebskapital-Konto und Gewinn- und Verlust-Konto. Bei Eintragungen auf diese Konten muß der Name des Kontos, auf welches sich die Buchung bezieht, in der betreffenden Kolonne „Konto für Verschiedene" oberhalb des Betrages vorgemerkt werden. Je nachdem es im Einzelfalle als zweckmäßig sich erweist, können einzelne Konten weiter zerlegt werden, z. B. Löhne-Konto in Löhne für Zuschneiden, für Nähen usw., Material-Konto in Stoffe-Konto, Beschläge-Konto, Zutaten-Konto; Kasse-, Wechsel- und Scheck-Konto in Kasse-Konto (Kasse, Zinsscheine) und Wechsel- und Scheck-Konto; auch kann man für einzelne der im Konto für Verschiedene untergebrachten Konten besondere Kolonnen errichten oder mehrere in einer besonderen Kolonne vereinigen. Da die Zahl der Kolonnen nicht begrenzt ist, können dieselben ganz den jeweiligen Anforderungen angepaßt werden. Um dem Anfänger die Auffindung der für die vorzunehmende Buchung in Frage kommenden Konten zu erleichtern, ist im Kopf der Konten unterhalb der Bezeichnung des Kontos genauer anzugeben, für welche Buchungen die Spalte zu benutzen ist. Statt der gebräuchlichen Fachausdrücke Debet und Kredit, Soll und Haben sind die jedes Mißverständnis ausschließenden Bezeichnungen Belastung und Gutschrift gewählt worden.

Das Tagebuch wird am Ende eines jeden Monats abgeschlossen und die Endsummen in die Monats-Zusammenstellungen eingetragen. Aus dieser Zusammenstellung kann die Genossenschaft die Umsätze auf den einzelnen Konten in den verschiedenen Monaten ersehen und die Bestände an Material, fertigen Waren, Schulden und ausstehenden Forderungen usw. sowohl am Monatsschluß, sowie unter Hinzurechnung der im Tagebuch eingetragenen Posten an jedem Tage sehr schnell ermitteln.

Das Tagebuch (Seite 54) enthält in der Mitte die Kolonne „Geschäftsvorfälle“. Links und rechts davon folgen Spalten „Hauptbuchseite“ und dann in gleicher Reihenfolge die Konten:

> Kasse-, Wechsel- und Scheck-Konto, Bank-Konto, Akzepte-Konto, Lieferanten-Konto, Kunden-Konto, Material-Konto, Löhne-Konto, Allgemeine Unkosten-Konto, Betriebsunkosten-Konto, Fertige Waren-Konto, Konto für Verschiedene,

deren Zweck nachstehend näher erläutert wird.

Kasse-, Wechsel- und Scheck-Konto, kurz Kasse-Konto genannt. Bei kleineren Betrieben können bare Kasse, in Zahlung erhaltene Wechsel, Schecks, Zins- und Dividendenscheine auf einem Konto verbucht werden. Bei größeren Betrieben empfiehlt es sich, eine Trennung vorzunehmen, Kasse, Zins- und Dividendenscheine auf einem, in Zahlung erhaltene Wechsel und Schecks auf einem zweiten Konto zu führen.

Alle Eingänge von Kasse, in Zahlung erhaltenen Wechseln, Schecks, Zins- und Dividendenscheinen sind dem Konto zu belasten, alle Ausgänge sind dem Konto gutzuschreiben.

Eigene Akzepte und von der Genossenschaft auf ihre Bank ausgeschriebene Schecks gehören nicht auf dieses Konto.

Bank-Konto. Diesem Konto sind zu belasten:

1. alle von der Genossenschaft an ihre Bank ausgehändigte bare Kasse, in Zahlung erhaltene und an die Bank gegebene Wechsel, Schecks, Zins- und Dividendenscheine;

2. alle Zahlungen und Überweisungen, die von dritten Personen zugunsten der Genossenschaft an die Bank geleistet werden.

Gutzuschreiben sind diesem Konto:

1. alle Barabhebungen der Genossenschaft;

2. alle Zahlungen und Überweisungen, die die Bank auf Anweisung der Genossenschaft an dritte Personen leistet;

3. die Beträge der von der Bank auf Anweisung der Genossenschaft eingelösten Akzepte der Genossenschaft;

4. die Beträge der von der Genossenschaft auf ihre Bank ausgeschriebenen Schecks.

Akzepte-Konto. Akzepte der Genossenschaft, die von dieser zur Bezahlung von Lieferungen gegeben werden, sind dem Akzepte-Konto gutzuschreiben und dem Empfänger auf Lieferanten-Konto zu belasten.

Bei Einlösung der Akzepte an der Kasse der Genossenschaft sind die Beträge dem Akzepte-Konto zu belasten und dem Kasse-Konto gutzuschreiben. Geschieht die Einlösung der Akzepte durch die Bank der Genossenschaft, so erfolgt die Gutschrift auf Bank-Konto.

Lieferanten-Konto. Dieses Konto stellt die Vereinigung aller Lieferanten der Genossenschaft dar, und zwar sowohl der „Material"-Lieferanten, wie auch der „Fertige Waren"-Lieferanten (der Mitglieder) und sonstiger Lieferanten. Das Konto ist demnach ein Sammelkonto, das zur Aufnahme aller Buchungen für die in Frage kommenden Personen errichtet ist. Im Hauptbuch (Seite 69) ist das Konto zerlegt und für jeden Lieferanten ein besonderes Konto errichtet. Sämtliche Bezüge an Material sind dem Material-Konto zu belasten und dem Lieferanten-Konto gutzuschreiben. Abzüge für mangelhaft geliefertes, für weniger geliefertes als berechnetes Material, für Zahlungen vor Ablauf des Zieles (Skonto) sind dem Material-Konto wieder gutzuschreiben und dem Lieferanten-Konto zu belasten. Bezüge an fertigen Waren sind entsprechend auf Fert. Waren-Konto zu verbuchen

Die den Mitgliedern für die Fertigstellung von Waren zu gewährenden Vergütungen sind dem Fert. Waren-Konto zu belasten und dem Lieferanten-Konto gutzuschreiben. Abzüge für mangelhafte Anfertigung und dergl. sind dem Fert. Waren-Konto gutzuschreiben und dem Lieferanten-Konto zu belasten.

Kunden-Konto. Das Sammel-Konto stellt die Vereinigung der Kunden der Genossenschaft dar. Alle Lieferungen fertiger Waren an Kunden der Genossenschaft sind diesem Konto zu belasten und dem Fert. Waren-Konto gutzuschreiben.

Von den Kunden eingehende Kasse, Wechsel und Schecks sind dem Kasse-Konto zu belasten, zurückerhaltene Waren, Abzüge für berechnete, aber nicht gelieferte oder für mangelhaft gearbeitete Waren sowie auch für Skonto sind dem Fert. Waren-Konto zu belasten. Im Hauptbuche wird das Konto in gleicher Weise zerlegt wie das Lieferanten-Konto.

Material-Konto. Löhne-Konto. Allg. Unkosten-Konto. Betriebsunkosten-Konto. Fertige Waren-Konto. Die ersten vier Konten bilden diejenigen Konten, denen alle zur Herstellung von Waren von der Genossenschaft geleisteten Ausgaben oder Gutschriften für Material, Löhne, allgemeine Unkosten und Betriebsunkosten als empfangende Konten belastet werden.

Wie bereits früher erwähnt, läßt die Genossenschaft das für die Herstellung von Waren beschaffte Material in ihrem eigenen Betriebe nur *vor*arbeiten. Die weitere Bearbeitung des Materials und die Fertigstellung der Waren geschieht durch die Mitglieder zu vereinbarten Stückpreisen.

Das *Fert. Waren-Konto* vertritt die Genossenschaft in dem Sinne, daß es die fertigen Waren von den fünf Konten: Material-, Löhne-, Allg. Unkosten-, Betriebsunkosten- und Lieferanten-Konto zu den Herstellungspreisen bezieht und an die Besteller zu den Verkaufspreisen weitergibt. Dementsprechend sind die von einem Mitgliede angefertigten Waren *zu Selbstkostenpreisen* dem Fert. Waren-Konto als empfangendem Konto zu belasten und die Kosten der Herstellung den gebenden fünf Konten gutzuschreiben.

Das Fert. Waren-Konto, das in der Buchführung der Genossenschaft als die Handelsabteilung bezeichnet werden kann, liefert die zu Herstellungspreisen erworbenen Waren weiter an die Besteller und zwar *zu Verkaufspreisen.* Die erzielten Verkaufspreise sind daher dem Fert. Waren-Konto als gebendem Konto gutzuschreiben und dem Kunden-Konto als empfangendem Konto zu belasten. Über Abzüge der Kunden für mangelhafte Lieferungen usw. vergleiche Kunden-Konto Seite 14.

Die *Unkosten* sind getrennt in:

Allgemeine Unkosten, das sind Kosten, die den ganzen Geschäftsverkehr betreffen, wie Miete für die kaufmännischen Zwecken dienenden Räume, Gehälter für Bürobeamte, Steuern, Licht, Feuerung, Reinigung usw., und

Betriebsunkosten, die dadurch entstehen, daß die Genossenschaften selbst Waren herstellen, also Miete für Arbeitsräume, Kosten für elektrische oder Dampfkraft, Gehälter für technische Beamte, Meister, Arbeiter für Nebenarbeiten, ferner Kosten für Verbrauchsgegenstände, wie Besen, Handfeger, Schmierkannen, und Verbrauchsstoffe, wie Öle, Petroleum, Putzwolle und dergl. Diese Trennung der Unkosten ist für eine zutreffende Berechnung der Selbstkosten hergestellter Waren unbedingt erforderlich. Nur in ganz kleinen Betrieben könnte man allenfalls *alle* Unkosten auf *einem* Konto verbuchen.

Bei Buchung von Löhnen ist sorgfältig zu unterscheiden, ob die Löhne für bestimmte Arbeiten zur Herstellung von Waren verausgabt sind, oder ob sie für die Aufsicht (Meister) oder für Nebenarbeiten (Heranschaffen von Material, Reinigung der Maschinen, Besorgung von Botengängen und dergl.) gezahlt sind. Nur in dem ersteren Falle sind die Löhne auf Löhne-Konto zu verbuchen; Löhne für Aufsicht oder Nebenarbeiten sind Betriebsunkosten und gehören auf dieses Konto.

Konto für Verschiedene. Inventar- und Maschinen- und Geräte-Konto. Ankäufe von Inventar, Maschinen und Geräten sind diesem Konto zu belasten und den Lieferanten auf Lieferanten-Konto oder, wenn Barzahlung erfolgt, dem Kasse-Konto gutzuschreiben. Am Jahresschluß sind auf diese Gegenstände für Abnutzung angemessene Beträge (Inventar ungefähr 10 %, Maschinen 5 bis 10 %, Geräte 20 bis 25 %) abzuschreiben und den betr. Konten, die die Herabminderung ihres Bestandes in Höhe der abgeschriebenen Beträge tragen müssen, diese Beträge also herausgeben, gutzuschreiben, dagegen dem Gewinn und Verlust-Konto als empfangendem Konto zu belasten (vergl. Gewinn- und Verlust-Konto).

Grundstücks-Konto und Hypotheken-Konto. Über Buchungen beim Ankauf eines Grundstücks vergl. Geschäftsvorfall Nr. 20, Seite 25. Auf Grundstücke ist am Jahresschluß eine Abschreibung vorzunehmen, 1 bis 2 % auf den Wert des Grundstücks nach der letzten Bilanz oder, wenn die Übernahme im Laufe des Geschäftsjahres erfolgt ist und eine Abschreibung für nötig erachtet wird, auf den Selbstkostenpreis. Der abzuschreibende Betrag wird dem Grundstücks-Konto gutgeschrieben und dem Gewinn- und Verlust-Konto belastet.

Die Kosten für Hypotheken-Zinsen, Steuern und Instandhaltung sind dem Grundstücks-Konto zu belasten und, wenn Barzahlung geleistet wird, dem Kasse-Konto, andernfalls dem Lieferanten-Konto gutzuschreiben.

Einnahmen für Mieten und Pachten sind dem Kasse-Konto zu belasten und dem Grundstücks-Konto gutzuschreiben. Die für die selbstbenutzten Räume in Anrechnung zu bringende Miete wird ermittelt, indem der Gesamtbetrag der dem Grundstücks-Konto belasteten Zinsen, Steuern, Kosten der Instandhaltung einschl. des Betrages der Abschreibung berechnet und davon der Betrag der Einnahme abgesetzt wird; die Differenz ergibt die von der Genossenschaft zu zahlende Miete, die dem Grundstücks-Konto gutzubringen und dem Allg. Unkosten-Konto zu belasten ist. Übersteigen die Einnahmen die Ausgaben, so ist der Überschuß als Gewinn dem Grundstücks-Konto zu belasten und dem Gewinn und Verlust-Konto gutzuschreiben. Kosten für Verbesserungen des Grundstücks erhöhen den Wert desselben und sind deshalb keine Unkosten; um den für Verbesserungen gezahlten Betrag muß das Grundstücks-Konto beim Jahresschluß höher erscheinen wie in der letzten Bilanz bezw. wie bei Übernahme im letzten Geschäftsjahre.

Das „Konto für Verschiedene“ enthält außerdem das Geschäftsanteil-Konto, das Gewinnanteil-Konto, das Rücklage-Konto, das Betriebskapital-Konto und das Gewinn- und Verlust-Konto.

Das Geschäftsanteil-Konto vertritt als Sammelkonto die Mitglieder der Genossenschaft hinsichtlich ihrer Einzahlungen auf Geschäftsanteile. Diese werden dem Konto als gebendem Konto gutgeschrieben und dem Kassa-Konto als empfangendem Konto belastet. Durch Ausscheiden von Mitgliedern aus der Genossenschaft zur Rückzahlung fällig werdende Geschäftsanteile werden bei Auszahlung derselben dem Geschäftsanteil-Konto belastet und dem Kassa-Konto gutgeschrieben.

Gewinnanteil-Konto und Rücklage-Konto. Auf dem ersten Konto werden die den Mitgliedern zu vergütenden Anteile vom Reingewinn verbucht; die Rücklage dient dazu, Verluste, die die Genossenschaft erleidet, zu decken, falls dieselben nicht aus dem Reingewinn beglichen werden.

Die alljährlich zwecks Genehmigung der Jahresrechnung zu berufende Generalversammlung hat darüber zu beschließen, in welcher Weise der auf Gewinn- und Verlust-Konto (vergleiche Seite 18) für das verflossene Geschäftsjahr ermittelte Reingewinn verteilt werden soll, insbesondere, welcher Anteil vom Reingewinn auf die von den Mitgliedern eingezahlten Geschäftsanteile ausgezahlt und welcher Anteil vom Reingewinn dem Rücklage-Konto zugeführt werden soll. Ist die Beschlußfassung erfolgt, so wird der zur Verteilung auf die Geschäftsanteile der Mitglieder bestimmte Betrag dem Gewinnanteil-Konto, der für die Rücklage ausgesetzte Betrag dem Rücklage-Konto gutgeschrieben; beide Beträge werden dem Gewinn- und Verlust-Konto belastet.

Die Auszahlung der Gewinnanteile an die Mitglieder geschieht durch die Kasse; die ausgezahlten Beträge sind dem Kassa-Konto gutzuschreiben und dem Gewinnanteil-Konto zu belasten. Sind alle Auszahlungen an die Mitglieder erfolgt, so müssen die Belastungen und Gutschriften auf dem Gewinnanteil-Konto sich ausgleichen.

Das Betriebskapital-Konto vertritt im vorliegenden Falle als Sammelkonto die zwei Mitglieder, die der Genossenschaft Betriebskapital zur Verfügung gestellt haben. Die eingezahlten Kapitalien sind dem Betriebskapital-Konto gutzuschreiben und, wenn die Einzahlung in bar an der Kasse der Genossenschaft geschieht, dem Kassa-Konto zu belasten; erfolgt die Einzahlung auf das Bank-Konto der Genossenschaft, so ist das Bank-Konto zu belasten.

Die den Mitgliedern zu vergütenden Zinsen sind allgemeine Unkosten, daher dem Betriebskapital-Konto gutzuschreiben und dem Allg. Unkosten-Konto zu belasten.

Gewinn- und Verlust-Konto. Die Aufgabe des Gewinn- und Verlust-Kontos ist es, am Jahresschluß alle Gewinne der Genossenschaft: Gewinne an den von dem Fert. Waren-Konto abgelieferten und berechneten Waren, Zinseinnahmen auf eigene Wertpapiere und ausgeliehene Hypotheken, Bankzinsen, Überschüsse aus Grundbesitz usw., die den betr. Konten belastet werden, als Gutschriften aufzunehmen, dagegen alle Verluste der Genossenschaft auf Fert. Waren-Konto, Material- und Kunden-Konto, Abschreibungen auf Inventar, Maschinen, Geräte, Material usw., die den betreffenden Konten zu vergüten sind, als Belastungen zu tragen.

Sind die Gutschriften für Gewinnbuchungen größer als die Belastungen für Verlustbuchungen, so bildet der Mehrbetrag den von der Genossenschaft im abgelaufenen Geschäftsjahr erzielten Reingewinn, über dessen Verteilung in der Generalversammlung zu beschließen ist. Sind umgekehrt die Belastungen für Verlustbuchungen größer als die Gutschriften für Gewinnbuchungen, dann bildet der Mehrbetrag der verbuchten Verluste den im verflossenen Geschäftsjahr erlittenen Gesamtverlust, zu dessen Beseitigung nach den Bestimmungen des Genossenschaftsgesetzes verfahren werden muß.

Hauptbuch.

Für das Hauptbuch wird hinsichtlich der Anordnung der Kolonnen das im Geschäftsverkehr gebräuchliche Formular empfohlen. Die Hauptbuchkonten sind in der Weise angelegt, daß auf der linken Hälfte die Belastungen, auf der rechten Seite die Gutschriften verbucht werden. Beide Hälften enthalten Kolonnen für Tag, Bezeichnung des Geschäftsvorfalles, Tagebuchseite und Betrag. Statt der üblichen Bezeichnungen Debet und Credit oder Soll und Haben sind auch hier wie im Tagebuche die Bezeichnungen Belastungen und Gutschriften verwendet worden. Der besseren Platzausnutzung wegen ordnet man im Hauptbuche Konten verschiedener Größe an, für Konten mit kleinerem Verkehr $^1/_2$ oder $^1/_3$ Seite, für Konten mit größerem Verkehr ganze Seiten. Weiteres über Einrichtung des Hauptbuches siehe unter Buchungen im Hauptbuche Seite 39.

Buchungen.

Empfangende und gebende Konten.

Als obersten Grundsatz für alle Buchungen merke man folgendes:

Zu jeder Abwicklung eines Geschäftsvorfalles, soweit derselbe einen Besitzwechsel betrifft, sind zwei Parteien nötig, und zwar eine Partei, die etwas gibt, und eine Partei, die das Gegebene empfängt. Unter Besitzwechsel ist beispielsweise zu verstehen der Übergang des Materials vom Lieferanten an die Genossenschaft oder der fertigen Waren von der Genossenschaft an den Kunden, der Übergang von Kasse, Wechseln usw. von der Genossenschaft an Lieferanten oder von Kunden an die Genossenschaft, der Übergang von Material, gezahlten Löhnen, Unkosten und Vergütung für Anfertigung von Waren in Gestalt der fertigen Waren von den betr. Konten auf das Fert. Waren-Konto usw. Dementsprechend sind auch an jedem Geschäftsvorfalle mindestens zwei der im Tagebuch enthaltenen Konten als Vertreter für Einzelpersonen oder Vereinigungen beteiligt. Findet nun ein Besitzwechsel statt, liefert z. B. ein Lieferant Material, so ist das Lieferanten-Konto gebendes Konto und es ist ihm der Rechnungsbetrag gutzuschreiben, das Material-Konto ist dagegen empfangendes Konto und ihm der Rechnungsbetrag zu belasten. Alle Buchungen im Tagebuche sind so zu fassen, daß zuerst das empfangende, dann das gebende Konto genannt wird; vergl. Tagebuch.

Wie bereits unter Inventur- und Bilanzbuch ausgeführt, ist bei Eröffnung eines Geschäftes nach den gesetzlichen Bestimmungen eine

Inventur- und Eröffnungsbilanz

aufzumachen, wie sie im Inventur- und Bilanzbuch Seite 1 dargestellt ist. In dem vorliegenden Lehrgange ist angenommen, daß bereits vor Eröffnung des Geschäfts einige Geschäftsvorfälle sich ereignet haben, die deshalb in der Eröffnungsbilanz zum Ausdruck kommen müssen. Es handelt sich um folgende Geschäftsvorfälle, die wie in jedem Falle angegeben in die Eröffnungsbilanz aufzunehmen sind.

Juni 30. Mitglied Heinr. Dreyer und Mitglied Gust. Walter zahlen je ℳ 1000,— für einen Geschäftsanteil und je ℳ 20,— Eintrittsgeld ein.

Buchung: Die eingezahlte Kasse ist dem Kasse-, Wechsel- und Scheck-Konto als empfangendem Konto zu belasten und dem Geschäftsanteil-Konto als Sammelkonto und Vertreter der Mitglieder hinsichtlich ihrer Einzahlungen auf Geschäftsanteile, und zwar zugunsten der Mitglieder Heinr. Dreyer und Gust. Walter, gutzuschreiben. Die Eintrittsgelder fließen nach dem Statut der Rücklage zu und sind daher die von dem Mitgliedern Dreyer und Walter gezahlten je ℳ 20,— dem Rücklage-Konto gutzuschreiben und dem Kassa-Konto zu belasten.

Juni 30. Das Mitglied Gust. Bähr zahlt als Betriebskapital zugunsten des Betriebskapital-Kontos ℳ 20 000,— ein.

Buchung: Gebendes Konto ist Gust. Bähr-Betriebskapital-Konto, empfangendes Konto ist das Kassa-Konto. Der eingezahlte Betrag ist Gust. Bähr-Betriebskapital-Konto gutzuschreiben und dem Kassa-Konto zu belasten.

Juni 30. Die Firma W. Oldemeyer Nachf., Hannover, liefert Büro-Inventar ℳ 1200,—.

Buchung: Gebendes Konto ist das Lieferanten-Konto, empfangendes Konto ist das Inventar-Konto. Das Inventar-Konto ist für Inventar mit ℳ 1200,— zu belasten und der gleiche Betrag dem Lieferanten, der Firma W. Oldemeyer Nachf., Hannover, Lief.-Kto. gutzuschreiben.

Nachdem diese Buchungen vollzogen und nach Aufrechnung der Schuld- und Vermögensposten festgestellt ist, daß die Gesamtbeträge gleich sind, die Bilanz also richtig ist, wird dieselbe von dem Vorstande der Genossenschaft unterzeichnet.

Während nun im gewöhnlichen Geschäftsgange alle Buchungen zuerst im Tagebuch erfolgen, dann in das Hauptbuch übertragen werden und schließlich, soweit sie sich dort nicht ausgleichen, in der Bilanz erscheinen, erfolgen bei der Geschäftseröffnung die Buchungen in das Tagebuch und Hauptbuch von der Eröffnungsbilanz aus.

Buchungen im Tagebuche.

Das Tagebuch enthält in der Mitte die Kolonne „Geschäftsvorfälle" mit Angabe des Tages und des Gesamtbetrages; die Monatsangabe erfolgt unterhalb der Bezeichnung „Geschäftsvorfälle". In diese Kolonne sind sämtliche Geschäftsvorfälle der Reihe nach einzutragen. Aus dem Wortlaut der Buchungen muß genau zu erkennen sein, welche Konten „empfangende" und welche Konten „gebende" sind (vergl. empfangende und gebende Konten Seite 18).

Kommt bei einer Buchung ein Sammelkonto in Frage, so ist in der Niederschrift unter „Geschäftsvorfälle" der Bezeichnung des Sammelkontos der Name derjenigen durch das Sammelkonto vertretenen Person hinzuzufügen, zu deren Lasten oder Gunsten die Buchung erfolgt. Der Raumersparnis wegen kann die Bezeichnung des Sammelkontos möglichst gekürzt werden, also W. Oldemeyer Nfl., Hannover, Lief.-Kto.

Man beachte stets, daß bei jeder Buchung der sich ergebende Gesamtbetrag sowohl unter Belastungen, wie auch unter Gutschriften erscheinen muß, und zwar entweder als Gesamtbetrag oder in Form von Einzelbeträgen.

Die Kolonne „Einzelbeträge" ist nicht zur Aufnahme von Einzelpreisen bestimmt. Sind bei einer Buchung mehrere Konten als „empfangende" oder als „gebende" Konten mit Einzelbeträgen beteiligt (vergl. Geschäftsvorfälle Nr. 15, 22), so sind diese Einzelbeträge einzeln in die Kolonne „Einzelbeträge" einzutragen und nur die Summe der Einzelbeträge ist in die Kolonne „Gesamtbetrag" zu verbuchen. In diesem Falle bucht man auf demjenigen Tagebuchkonto, dem alle Einzelbeträge zu belasten oder gutzuschreiben sind, nur den Gesamtbetrag und erspart dadurch Arbeit.

Die Eintragung der Posten auf die einzelnen Konten im Tagebuche, links Belastungen, rechts Gutschriften, kann sofort bei Buchung des Geschäftsvorfalls oder später und durch eine andere Person erfolgen.

Da in der Spalte „Geschäftsvorfälle" das empfangende, daher zu belastende Konto zuerst genannt wird, also im Text links steht, das gebende Konto, auf dem Gutschrift erfolgt, infolgedessen in der Regel rechts steht, wird hierdurch schon die Richtung angegeben, in der das empfangende und das gebende Konto zu finden ist.

Die Buchungen im Tagebuche beginnen damit, aus der Eröffnungs-Bilanz die einzelnen Vermögensposten als Belastungen und die Schuldenposten unter Gutschriften auf die betr. Konten zu übertragen (Tagebuch Seite 1). Hierauf wird das Tagebuch abgeschlossen und festgestellt, ob die Summen der Vermögensposten und der Schuldenposten aus der Eröffnungs-Bilanz mit den Summen der Belastungen und Gutschriften im Tagebuche übereinstimmen. Ist dies der Fall, so ist die Übertragung in das Tagebuch richtig ausgeführt. Die Übertragung der Tagebuchposten in das Hauptbuch wird unter „Buchungen im Hauptbuche" erläutert werden.

Nachstehend sind eine Anzahl verschiedenartiger Geschäftsvorfälle aufgeführt, die mit Ausnahme der in das Auftragsbuch gehörenden Geschäftsvorfälle Nr. 18, 19 und 53 in das Tagebuch eingetragen sind. Bei jedem Geschäftsvorfall ist angegeben, wie derselbe im Tagebuch zu verbuchen ist. Am Monatsende ist das Tagebuch abzuschließen. Die einzelnen Kolonnen sind aufzuzählen und es ist festzustellen, ob die Summe der Gesamtbetragkolonne, rechts neben den Eintragungen der Geschäftsvorfälle, mit den Summen der Belastungskolonnen und der Gutschriftskolonnen übereinstimmt, die Übertragungen aus der Gesamtbetragskolonne auf die einzelnen Konten also richtig erfolgt sind.

Geschäftsvorfälle.

1| Juli 1. Mitglied Friedr. Warnecke zahlt als Betriebskapital zugunsten des Betriebskapital-Kontos (vergl. Seite 17), bar ℳ 20 000,— ein.

Buchung: Gebendes Konto ist das Betriebskapital-Konto, empfangendes Konto ist das Kasse-Konto. Die eingezahlten Beträge sind dem Betriebskapital-Konto gutzuschreiben und dem Kasse-Konto zu belasten.

2| „ 1. Die Mitglieder Gust. Bähr, Hans Müller, Friedr. Warnecke, Wilh. Meyer, Aug. Hahn, Georg Winter, Karl Heine und Franz Schulze zahlen je ℳ 1000,— für einen Geschäftsanteil und je ℳ 20.— Eintrittsgeld.

Buchung: Die eingezahlte Kasse ist dem Kasse-Konto als empfangendem Konto zu belasten. Die für 8 Geschäftsanteile eingezahlten je ℳ 1000,— sind dem Geschäftsanteil-Konto als Sammelkonto und Vertreter der Mitglieder hinsichtlich ihrer Einzahlungen auf Geschäftsanteile gutzuschreiben, und zwar zugunsten der einzahlenden Mitglieder.

Die Eintrittsgelder fließen nach dem Statut der Rücklage zu; die von den acht Mitgliedern gezahlten ℳ 160.— sind daher dem Kasse-Konto zu belasten und dem Rücklage-Konto gutzuschreiben.

3] Juli 1. W. Oldemeyer Nachf., Hannover, liefern Geschäftsbücher und Drucksachen ℳ 396.—.

Buchung: Ausgaben für Geschäftsbücher, Drucksachen usw. für Bürozwecke sind als Allgemeine Unkosten zu verbuchen. Der Betrag von ℳ 396.— ist dem Lief.-Konto als gebendem Konto gutzuschreiben und dem Allg. Unkosten-Konto als empfangendem Konto zu belasten.

4] „ 2. Die Genossenschaft zahlt auf ihr Bank-Konto bei der Gewerbebank ℳ 25 000.— Kasse ein.

Buchung: Der Betrag ist dem Bank-Konto als empfangendem Konto zu belasten und dem Kasse-Konto als gebendem Konto gutzuschreiben.

5] „ 2. Behrens & Sohn, Hamburg, liefern Leder laut Rechnung ℳ 18 643.—.

Zahlungsbedingung: Ziel 3 Monate gegen Akzept oder gegen Kasse mit 2 % Skonto.

Buchung: Der Betrag ist dem Material-Konto als empfangendem Konto zu belasten und dem Lieferanten-Konto als Sammelkonto der Lieferanten gutzuschreiben.

6] „ 4. Für Fracht und sonstige Unkosten auf Sendung Behrens & Sohn, Hamburg vom 2. Juli 1915 werden ℳ 52.50 bezahlt.

Buchung: Kosten für Frachten, Rollgeld, Verpackungen erhöhen den Einkaufspreis des Materials und sind nicht dem Unkosten-Konto, sondern dem Material-Konto zu belasten und dem Kasse-Konto gutzuschreiben.

7] „ 4. Bergmann, Elektr.-Werke, Berlin, liefern eine vollständige elektrische Kraftanlage für ℳ 2 196.—.

Zahlungsbedingung: die Hälfte sofort, die andere Hälfte nach 3 Monaten.

Buchung: Der Betrag ist dem Lieferanten-Konto als gebendem Konto gutzuschreiben und dem Maschinen- und Geräte-Konto als empfangendem Konto zu belasten.

8] Juli 5. Friedrich Robert Hyland, Hannover, liefert

Werkzeuge und Maschinen	ℳ 3 274.—
Verbrauchsstoffe und Verbrauchsgegenstände	„ 235.—
	ℳ 3 509.—

Zahlungsbedingung: Ziel 3 Monate oder gegen Kasse mit 2 % Skonto.

Buchung: Der Betrag von ℳ 3 509.— ist dem Lieferanten-Konto als gebendem Konto gutzuschreiben. Empfangendes Konto für Maschinen und Geräte ist das Maschinen- und Geräte-Konto, für Verbrauchsstoffe und Verbrauchsgegenstände das Betriebsunkosten-Konto. Demnach sind dem Masch.- und Geräte-Konto ℳ 3 274.— und dem Betriebsunkosten-Konto ℳ 235.— zu belasten.

9] „ 7. Ingenieur Heinrich Behrens erhält Kasse für Aufstellung der von Friedr. Robert Hyland gelieferten Maschinen ℳ 186.—.

Buchung: Der Betrag ist dem Kasse-Konto als gebendem Konto gutzuschreiben.

Die fachmännische Aufstellung der Maschinen ist erforderlich, um dieselben für den Betrieb gebrauchsfähig zu machen. Die Kosten sind demnach dem Maschinen- und Geräte-Konto zu belasten. Spätere Änderungen und Ausbesserungen sind dagegen Unkosten und dem Betriebsunkosten-Konto zu belasten.

10] „ 7. Friedr. Rob. Hyland, Hannover, liefert Maschinen fertig aufgestellt ℳ 4 317.—.

Buchung: Wie Werkzeuge und Maschinen, Geschäftsvorfall Nr. 8.

11] „ 7. Kasse-Konto zahlt an „Kleine Kasse" ℳ 100.—.

Buchung: Um die Buchung zahlreicher einzelner kleiner Beträge für allgemeine Unkosten zu ersparen, werden diese aus einer sog. „Kleinen Kasse" bezahlt und in einem besonderem Buche vorgemerkt. In die „Kleine Kasse" werden nach Bedarf von der Hauptkasse angemessene Beträge eingelegt; diese sind dem Kasse-Konto als gebendem Konto gutzuschreiben und dem Allg. Unkosten-Konto zu belasten.

12] Juli 8. Behrens & Sohn, Hamburg, erhalten

Akzept der Genossenschaft fällig am 1. Oktober 1915	ℳ 10 000.—
Scheck Nr. 7501 auf die Gewerbebank	„ 8 434.86
Abzug für Minderlieferung	„ 36.—
2 % Skonto auf ℳ 8 607.—	„ 172.14
	ℳ 18 643.—

Buchung: Bei Nachprüfung der Lieferung hat sich ergeben, daß Leder im Werte von ℳ 36.— fehlt; um diesen Betrag ist das Material-Konto am 2. Juli zu hoch belastet und ist derselbe dem Konto wieder gutzuschreiben.

Zwecks Bezahlung der Sendung vom 2. Juli gibt die Genossenschaft ihr Akzept, fällig am 1. Oktober über ℳ 10 000.— und einen Scheck auf die Gewerbebank ℳ 8 434.86.

Das Akzept ist dem Akzepte-Konto, der Scheck dem den Scheck auszahlenden Bank-Konto als gebenden Konten gutzuschreiben.

Die Forderung der Firma Behrens & Sohn beträgt nach Abzug des Akzeptes über ℳ 10 000.— und des Abzuges für Minderlieferung in Höhe von ℳ 36.— noch ℳ 8 607.—. Dieser Betrag soll bar bezw. durch Scheck auf die Gewerbebank bezahlt werden. Da nach der Zahlungsbedingung für Barzahlung 2% auf ℳ 8 607.— mit ℳ 172.14 gekürzt werden, ist der Scheck über ℳ 8 434.86 auszuschreiben. Der Skonto-Abzug von ℳ 172.14 ist dem Material-Konto gutzuschreiben, weil der dem Konto belastete Kaufpreis des Leders in Höhe dieses Abzuges niedriger geworden ist. Die vier Beträge von zusammen ℳ 18 643.— sind dem Lieferanten-Konto zu belasten.

13] „ 8. Friedr. Rob. Hyland, Hannover, liefert Beschläge für ℳ 3 986.—.

Buchung: Der Betrag ist dem Lieferanten-Konto als gebendem Konto gutzuschreiben und dem Material-Konto als empfangendem Konto zu belasten.

14] „ 9. W. Oldemeyer Nachf., Hannover, erhalten

Kasse	ℳ 388.08
2 % Skonto auf ℳ 396.—	„ 7.92
	ℳ 396.—

Buchung: Die bar gezahlten ℳ 388.08 sind dem Kasse-Konto gutzuschreiben. Die Waren sind dem Allg.

Unkosten-Konto belastet; der Skonto-Abzug ist diesem Konto gutzuschreiben, weil der für die Waren wirklich gezahlte Preis um ℳ 7,92 niedriger geworden ist. Der Gesamtbetrag von ℳ 396.— ist dem Lieferanten-Konto als empfangendem Konto zu belasten.

15] Juli 9. Friedr. Rob. Hyland, Hannover, erhält

Kasse	ℳ 3 438.82
2 % Skonto auf ℳ 3 274 —	„ 65.48
2 % Skonto auf ℳ 235 —	„ 4.70
	ℳ 3 509.—

Buchung: Vergl. Geschäftsvorfall Nr. 14. Die Berechnung des Skontos muß geteilt werden, weil für die Verbuchung bezw. Gutschrift 2 Konten zu berücksichtigen sind, nämlich das Maschinen-Konto mit ℳ 3 274 — für von Hyland gelieferte Maschinen und Geräte und das Betriebsunkosten-Konto mit ℳ 235.— für Verbrauchsgegenstände und Stoffe. Es sind also ℳ 65.48 dem Maschinen- und Geräte-Konto und ℳ 4.70 dem Betriebsunkosten-Konto gutzuschreiben.

16] „ 10. W. Oldemeyer Nachf., Hannover, erhalten Zahlung durch die Gewerbebank ℳ 1 200.—.

Buchung: Vergl. Geschäftsvorfall Nr. 14.

17] „ 12. Bergmann, Elektr.-Werke, Berlin, erhalten Scheck Nr. 7502 auf die Gewerbebank ℳ 1 098.—.

Buchung: Der Betrag ist dem Bank-Konto als gebendem Konto gutzuschreiben und dem Lieferanten-Konto zu belasten.

18] „ 12. Militärverwaltung in B. bestellt 2 000 Patronentaschen à ℳ 9.80, 200 Paar Geschirre für Arbeitspferde à ℳ 470. . Die Bestellung wird unter Nr. 1 in das Auftragsbuchformular eingetragen.

19] „ 13. Kaiser & Co., Berlin, bestellen 1000 Halfterzäume à ℳ 15.50. Die Bestellung wird unter Nr. 2 in das Auftragsbuch eingetragen.

20] „ 15. Die Genossenschaft kauft von Aug. Müller das Haus Friedrichstr. 17 für ℳ 40 000.—. Die Kosten betragen ℳ 1 134.—. Die erste Hypothek der Berliner Hypothekenbank bleibt bestehen; ℳ 10 000.— sind anzuzahlen; die Kosten trägt der Ersteher.

Buchung: Vergl. Grundstücks-Kto. und Hypotheken-Kto. Seite 16. Der Kaufpreis ist Aug. Müller, Lief.-Kto., die bar gezahlten Unkosten sind dem Kasse-Kto. gutzuschreiben; beide Beträge sind dem Grundstücks-Kto. zu belasten. Die bare Anzahlung von ℳ 10 000.— ist dem Kasse-Kto., die übernommene Hypothek dem Hypotheken-Kto. gutzuschreiben; beide Beträge sind Aug. Müller, Lief.-Kto. zu belasten, wodurch dieses Konto ausgeglichen wird.

21] Juli 15. Kasse-Konto zahlt

Löhne für Vorarbeiten von Material	ℳ 448.—
„ „ Beaufsichtigung und Nebenarbeiten	„ 168.—

Buchung: Löhne für Vorarbeiten von Material sind dem Löhne-Konto zu belasten; Löhne für Beaufsichtigung (Meister) und Nebenarbeiten (1 Arbeiter) sind als Allg. Unkosten dem Allg. Unkosten-Konto zu belasten; Gutschrift erfolgt auf Kasse-Konto.

22] „ 18. Fert. Waren-Konto erhält (vergl. Fert. Waren-Konto Seite 14) 200 fertige Patronentaschen.

Material: Leder ℳ 4.10, Aufschlag für Verschnitt ℳ —.40, Beschlag ℳ —.15

zus. Stück	ℳ 4.65	ℳ 930.—
Löhne für Zuschnitt . .	„ —.30	„ 60.—
Allg. Unkosten, 100 % der Löhne	„ —.30	„ 60.—
Betriebsunkosten, 50 % der Löhne	„ —.15	„ 30.—
Vergütung an Mitglied Gust. Bähr für Anfertigung	„ 3.90	„ 780.—
		ℳ 1 860.—

Buchung: Die Kosten für Material, Löhne, Allg. Unkosten, Betriebsunkosten sind den betr. Konten, für Anfertigung dem Lieferanten-Konto als gebenden Konten gutzuschreiben und dem Waren-Konto als empfangendem Konto zu belasten.

Die Buchung der Selbstkosten kann auch in der Weise erfolgen, daß nach dem Kalkulationsbuch in der Spalte „Geschäftsvorfälle" die Kosten für Material, Löhne und Unkosten zusammen und die Kosten für Anfertigung in je einem Posten aufgeführt und nur in den Kontenspalten getrennt werden (Geschäftsvorfall Nr. 23) oder aber, wie bei Geschäftsvorfall Nr. 24 und späteren, sämtliche Kosten in der Spalte Geschäftsvorfälle in einem Posten erscheinen und in den Kontenspalten getrennt werden. In dem zweiten Falle muß in der Spalte „Lieferanten-Konto" der Name des Lieferanten vermerkt werden.

23] Juli 19. Fert. Waren-Konto erhält 10 Paar fertige Geschirre.

Material: Leder *M* 214.—, 5 % Aufschlag für Verschnitt *M* 10.70, Beschlag *M* 25,—

zus. Paar	*M* 249.70	*M* 2 497.—
Löhne für Zuschnitt . .	„ 10.—	„ 100.—
Allg. Unkosten, 90 % der Löhne	„ 9.—	„ 90.—
Betriebsunkosten, 25 % der Löhne	„ 2.50	„ 25.—
Vergütung für Anfertigung an Mitglied Gust. Bähr	„ 176.—	„ 1 760.—
		M 4 472.—

Buchung: Wie Geschäftsvorfall Nr. 22, jedoch mit der Abänderung, daß die einzelnen Gutschriftsposten nach dem Kalkulationsbuch in die Gutschriftskolonnen eingetragen werden.

24] „ 21. Fert. Waren-Konto erhält 100 Halfterzäume.

Material: Leder *M* 5.50, 10 % Aufschlag für Verschnitt *M* —.55, Beschlag *M* —.25

zus. Stück	*M* 6.30	*M* 630.—
Löhne für Verarbeitung .	„ 1.—	„ 100.—
Allg. Unkosten, 100 % der Löhne	„ 1.—	„ 100.—
Betriebsunkosten, 40 % der Löhne	„ —.40	„ 40.—
Vergütung für Anfertigung für Mitglied Fritz Warnecke	„ 6.10	„ 610.—
		M 1 480.—

Buchung: Vergl. Geschäftsvorfall Nr. 23 im Tagebuche.

25] „ 22. Mitglied Gust. Bähr erhält für Lieferungen Kasse *M* 780.—.

Buchung: Der Betrag ist dem Kasse-Konto als gebendem Konto gutzuschreiben und dem Lief.-Konto als empfangendem Konto zu belasten.

26] Juli 25. Mitglied Friedr. Warnecke erhält durch Überweisung der Gewerbebank auf sein Konto bei der Vorschußbank ℳ 610.—.

Buchung: Der Betrag von ℳ 610.— ist dem Bank-Konto als gebendem Konto gutzuschreiben und dem Lief.-Konto als empfangendem Konto zu belasten.

27] „ 26. Behrens & Sohn, Hamburg, liefern Leder lt. Rechnung ℳ 6 147.—.

Buchung: Wie Geschäftsvorfall Nr. 5.

28] „ 26. Militärverwaltung in B. erhält

100 Patronentaschen . .	Stück	ℳ 9.80	ℳ 980.—
10 Paar Pferdegeschirre	Paar	„ 470.—	„ 4 700.—
			ℳ 5 680.—

Buchung: Der Betrag ist dem Kunden-Konto als empfangendem Konto zu belasten und dem Fert. Waren-Konto als gebendem Konto gutzuschreiben.

29] „ 27. Kaiser & Sohn, Berlin, erhalten

100 Halfterzäume . . Stück ℳ 15.50 ℳ 1 550.—

Buchung: Wie Geschäftsvorfall Nr. 28.

30] „ 28. Militärverwaltung in B. überweist der Gewerbebank

zugunsten der Genossenschaft	ℳ 5 658.—
Abzug für kleine Mängel im Material .	„ 22.—
	ℳ 5 680.—

Buchung: Der Betrag von ℳ 5 658.— ist dem Bank-Konto, der Abzug von ℳ 22.—, um den der erzielte Verkaufspreis für die abgelieferten Waren geringer geworden ist, dem Fert. Waren-Konto zu belasten. Beide Beträge sind dem Kunden-Konto gutzuschreiben.

31] „ 29. Kaiser & Sohn, Berlin, senden

Wechsel ℳ 1 200.—, fällig am 5. Juli 1915

auf Bremen	ℳ 1 200.—
Scheck auf Berlin	„ 350.—
	ℳ 1 550.—

Buchung: ℳ 1 550.— sind dem Kasse-Konto zu belasten und dem Lieferanten-Konto gutzuschreiben. Wechsel und Scheck werden unter Nr. 1 und 2 in das Wechselkopierbuch eingetragen.

32] Juli 29. Mitglied Gust. Bähr erhält für Lieferungen durch Scheck Nr. 7503 auf die Gewerbebank *M* 1 715.—. Die Arbeiten sind von Müller nicht ordnungsmäßig ausgeführt und für Nacharbeiten durch die Genossenschaft deshalb *M* 45.— in Abzug gebracht.

Buchung: Der Betrag des Schecks ist dem Bank-Konto gutzuschreiben. Die von der Genossenschaft in Abzug gebrachten *M* 45.— betreffen *M* 30.— Arbeitslöhne und *M* 15.— Betriebsunkosten. Danach sind *M* 30.— dem Löhne-Konto und *M* 15.— dem Betriebsunkosten-Konto gutzuschreiben. Der Gesamtbetrag ist dem Lieferanten-Konto zu belasten.

33] „ 30. Gewerbebank erhält zum Einzug

Wechsel Nr. 1 per 5. Juli auf Bremen	*M* 1 200.—
Scheck auf Berlin	„ 350.—
	M 1 550.—

und berechnet für Einzugskosten *M* 2.50.

Buchung: Der Betrag von *M* 1 550.— ist dem Bank-Konto zu belasten und dem Kasse-Konto gutzuschreiben. Die Einzugskosten sind als Allg. Unkosten diesem Konto zu belasten und dem Bank-Konto gutzuschreiben.

34] „ 30. Gewerbebank zahlt an Kasse-Konto *M* 3 000.—.

Buchung: Der Betrag ist dem Bank-Konto gutzuschreiben und dem Kasse-Konto zu belasten.

35] „ 31. Kasse-Konto zahlt

Löhne für Vorarbeiten von Material .	*M*	476.—
„ „ Beaufsichtigung und Nebenarbeiten	„	172.—
Gehälter für die Vorstandsmitglieder und den Buchhalter	„	625.—
Kassenbeiträge	„	50.—
Licht und Feuerung	„	18.—
Steuern	„	75.—
Elektr. Strom	„	46.—

Buchung: Die Löhne für Vorarbeiten von Material sind dem Löhne-Konto, die übrigen Beträge dem Allg. Unkosten-Konto zu belasten; sämtliche Beträge sind dem Kasse-Konto gutzuschreiben.

36] „ 31. Gewerbebank gibt mangels Zahlung mit Protest zurück

Wechsel auf Bremen	*M* 1 200.—
Protest- und sonstige Kosten	„ 13.50

Buchung: Der Wechselbetrag ist dem Kasse-Konto, die Kosten dem Allg. Unkosten-Konto zu belasten; beide Beträge sind dem Bank-Konto gutzuschreiben.

37] Juli 31. Die Genossenschaft gibt vorstehenden Wechsel an Kaiser & Sohn, Berlin, zurück und berechnet

Wechselbetrag	ℳ 1 200.—
fremde Kosten ℳ 13.50, Provision und Porto ℳ 4.50	„ 18.—

Der Wechselbetrag ist dem Kasse-Konto, fremde Kosten, Provision und Porto dem Allg. Unkosten-Konto gutzuschreiben; beide Beträge sind dem Lieferanten-Konto zu belasten.

38] Aug. 1. Behrens & Sohn, Hamburg, liefern Leder laut Rechnung ℳ 48 754.—.

Zahlungsbedingung: Ziel 3 Monate gegen Akzept oder gegen Kasse mit 2 % Skonto.

Buchung: Wie Geschäftsvorfall Nr. 5.

39] „ 2. Kasse-Konto zahlt für Fracht und Rollgeld auf vorstehende Sendung Leder ℳ 146.—.

Buchung: Wie Geschäftsvorfall Nr. 6.

40] „ 3. Behrens & Sohn, Hamburg, erhalten zurück

Leder, mangelhaft geliefert	ℳ 946.—
verausgabte Fracht	„ 4.—
	ℳ 950.—

Buchung: Der Gesamtbetrag ist dem Material-Konto gutzuschreiben und dem Lieferanten-Konto zu belasten.

41] „ 5. Behrens & Sohn, Hamburg, erhalten

Akzept der Genossenschaft, fällig 1. Nov.	ℳ 45 000.—
Überweisung durch Gewerbebank . . .	„ 2 747.92
2 % Skonto auf ℳ 2 804.—	„ 56.08

Buchung: Das Akzept ist dem Akzepte-Konto, die Überweisung dem Bank-Konto, der Skonto dem Material-Konto gutzuschreiben; der Gesamtbetrag ist dem Lieferanten-Konto zu belasten.

42] „ 6. Fert. Waren-Konto erhält 400 Patronentaschen.

Material: Leder ℳ 4.10, Aufschlag für Verschnitt ℳ —.40, Beschlag ℳ —.15

zus. Stück . . . . ℳ 4.65 ℳ 1 860.—
Löhne für Zuschnitt . . . „ —.30 „ 120.—
Allg. Unkosten, 100 % der Löhne . . . . „ „ 120.—
Betriebsunkosten, 50 % der Löhne „ 60.—
Vergütung an Friedr. Warnecke für Anfertigung . „ 3.90 „ 1 560.—
ℳ 3 720.—

Buchung: Wie Geschäftsvorfall Nr. 23.

43] Aug. 7. Kasse-Konto zahlt
Löhne für Vorarbeiten von Material . ℳ 466.—
„ „ Beaufsichtigung und Nebenarbeiten . . . . „ 170.—
Buchung: Wie Geschäftsvorfall Nr. 21.

44] „ 8. Fert. Waren-Konto erhält 40 Paar Geschirre.
Material: Leder ℳ 214.—, 5 % Aufschlag für Verschnitt ℳ 10.70, Beschlag ℳ 25.—.
zus. Paar ℳ 249.70 ℳ 9 988.—
Löhne für Zuschnitt . . . . „ 10.— „ 400.—
Allg. Unkosten, 90 % der Löhne „ 9.— „ 360.—
Betriebsunkosten, 25 % der Löhne . . . . „ 2.50 „ 100.—
Vergütung an Mitglied G. Walter für Anfertigung „ 176.— „ 7 040.—
ℳ 17 888.—
Buchung: Wie Geschäftsvorfall Nr. 23.

45] „ 10. Fert. Waren-Konto erhält 500 Halfterzäume.
Material: Leder ℳ 5.50, 10 % Aufschlag für Verschnitt ℳ —.55, Beschlag ℳ —.25.
zus. Stück ℳ 6.30 ℳ 3 150.—
Löhne für Zuschnitt . . . . „ 1. „ 500.—
Allg. Unkosten, 100 % der Löhne . . . . „ 1.— „ 500.—
Betriebsunkosten, 40 % der Löhne . . . . „ —.40 „ 200.—
Vergütung für Anfertigung an Mitglied Gust. Walter „ 6.10 „ 3.050.—
ℳ 7 400.—
Buchung: Wie Geschäftsvorfall Nr. 23.

46] Aug. 12. Kasse-Konto zahlt an „Kleine Kasse" ℳ 100.—.
Buchung: Wie Geschäftsvorfall Nr. 11.

47] „ 13. Militärverwaltung in B. erhält
400 Patronentaschen Stück ℳ 9.80 . . ℳ 3 920.—
40 Paar Geschirre für Arbeitspferde
Paar ℳ 470.— . . . . ℳ 18 800.—
ℳ 22 720.—
Buchung: Wie Geschäftsvorfall Nr. 29.

48] „ 13. Kaiser & Co., Berlin, erhalten
500 Halfterzäume Stück ℳ 15.50 . . . ℳ 7 750.—
Buchung: Wie Geschäftsvorfall Nr. 29.

49] „ 18. Militärverwaltung in B. überweist der Gewerbebank
für die Genossenschaft . . . . . . ℳ 22 540.—
Abzug für mangelhafte Ausführung der
Patronentaschen . . . . „ 180.—
Buchung: Der Betrag von ℳ 22 540.— ist dem Bank-Konto, der Betrag von ℳ 180.— dem Fert. Waren-Konto zu belasten, beide Beträge dem Kunden-Konto gutzuschreiben.

50] „ 18. Der Abzug in dem vorigen Geschäftsvorfall ist durch Verschulden des Lieferanten der Patronentaschen, Mitglied Friedr. Warnecke, entstanden.
Buchung: Der Betrag von ℳ 180.— ist dem Lieferanten-Konto zu belasten und dem Fert. Waren-Konto gutzuschreiben.

51] „ 21. Mitglied Hans Müller erwirbt einen zweiten Geschäftsanteil und zahlt ℳ 1 000.— bar ein. Buchung: Wie Geschäftsvorfall Nr. 2.

52] „ 21. Kaiser & Co., Berlin, überweisen der Gewerbebank für die Genossenschaft ℳ 8 000.—.
Buchung: Wie Geschäftsvorfall Nr. 49.

53] „ 21. J. Mertens & Sohn, Hamm, bestellt 500 Rucksäcke Stück ℳ 5.10. Die Bestellung wird unter Nr. 3 in das Auftragsbuch eingetragen.

54] „ 21. Behrens & Sohn, Hamburg, liefern Segeltuch laut Rechnung ℳ 1 520.—.
Buchung: Wie Geschäftsvorfall Nr. 5.

55] „ 21. Friedr. Rob. Hyland, Hannover, liefert Beschläge laut Rechnung ℳ 214.—.
Buchung: Wie Geschäftsvorfall Nr. 5.

56] Aug. 22. Fert. Waren-Konto erhält 50 Paar Geschirre.
Material: Leder ℳ 214.—, 5% Aufschlag für Verschnitt ℳ 10.70, Beschlag ℳ 25.—,

zus. Paar	ℳ 249.70	ℳ 12 485.—
Löhne für Zuschnitt	„ 10.—	„ 500.—
Allg. Unkosten 90 % der Löhne	„ 9.—	„ 450.—
Betriebsunkosten 25 % der Löhne	„ 2.50	„ 125.—
Vergütung an Mitglied Gust. Bähr für Anfertigung	„ 176.—	„ 8 800.—
		ℳ 22 360.—

Buchung: Wie Geschäftsvorfall Nr. 23.

57] „ 23. Fert. Waren-Konto erhält 500 Rucksäcke.
Material: Segeltuch ℳ 2.70, Leder ℳ 1.—, Beschlag ℳ —.30,

zus. Stück	ℳ 4.—	ℳ 2 000.—
Löhne für Zuschnitt	„ 0.25	„ 125.—
Allg. Unkosten 100% der Löhne	„ 0.25	„ 125.—
Betriebsunkosten 40 % der Löhne	„ 0.10	„ 50.—
Vergütung an Mitglied Fritz Warnecke für Anfertigung	„ 1.20	„ 600.—
		ℳ 2 900.—

Buchung: Wie Geschäftsvorfall Nr. 23.

58] „ 24. Militärverwaltung in B. erhält 40 Paar Geschirre Paar ℳ 470.— . . . . ℳ 18 800.—
Buchung: Wie Geschäftsvorfall Nr. 28.

59] „ 24. J. Mertens & Sohn, Hamm, erhalten 300 Rucksäcke Stück ℳ 6.20 . . . . ℳ 1 860.—
Buchung: Wie Geschäftsvorfall Nr. 28.

60] „ 26. J. Mertens & Sohn, Hamm, überweisen auf Bank-Konto Gewerbebank ℳ 1 600.—.
Buchung: Wie Geschäftsvorfall Nr. 49.

61] „ 26. Militärverwaltung in B. überweist auf Bank-Konto Gewerbebank ℳ 15 000.—.
Buchung: Wie Geschäftsvorfall Nr. 49.

62] „ 27. Für das Grundstück sind verausgabt an Zinsen, Steuern und Unkosten ℳ 305.—.

Buchung: Der Betrag von ℳ 305.— ist dem Kasse-Konto gutzuschreiben und dem Grundstücks-Konto zu belasten.

63] Aug. 27. Da auf Grundstücks-Konto ℳ 305.— verausgabt und als Einnahme ℳ 50.— für Miete am 31. Aug. fällig werden, hat das Allg. Unkosten-Konto den Mehrbetrag der Ausgaben von ℳ 255 als Vergütung für Benutzung des Grundstücks zu zahlen.

Buchung: Der Betrag von ℳ 255.— ist dem Grundstücks-Konto gutzuschreiben und dem Allg. Unkosten-Konto zu belasten.

64] „ 29. Die Gewerbebank vergütet ℳ 142.70 Zinsen für das Guthaben der Genossenschaft.

Buchung: Die Zinsen sind dem Gewinn- und Verlust-Konto gutzuschreiben und dem Bank-Konto zu belasten.

65] „ 30. Kasse-Konto zahlt an Löhnen für Vorarbeiten von Material ℳ 990.—.

Buchung: Wie Nr. 35.

66] „ 30. Kasse-Konto zahlt an Betriebsunkosten ℳ 70.70 für Beaufsichtigung.

Buchung: Wie Nr. 35.

67] „ 30. Kasse-Konto zahlt an Allg. Unkosten

für Kassenbeiträge	ℳ 52.—
„ Licht und Feuerung	„ 27.68
„ Steuern	„ 75.—
„ Elektr. Strom	„ 47.—

Buchung: Wie Nr. 35.

68/69] „ 31. Den beiden Darleihern des Betriebskapitals Gust. Bähr und Friedr. Warnecke sind je ℳ 166.67 5% Zinsen auf je ℳ 10 000.— für zwei Monate zu vergüten.

Buchung: Da das Allg. Unkosten-Konto die Zinsen für Betriebs-Kapital zu tragen hat, sind die Zinsen diesem Konto zu belasten und den Betriebskapital-Konten, die das Betriebskapital hergeliehen haben, gutzuschreiben.

70] „ 31. Bei der Inventuraufnahme hat sich ergeben, daß Material im Werte von ℳ 18.— fehlt; der buchmäßige Bestand beträgt ℳ 44 664.28 (vergl. Seite 41), der wirkliche Bestand laut Inventur ℳ 44 646.28.

Buchung: Der Betrag von ℳ 18.— ist dem Material-Konto gutzuschreiben und dem Fert. Waren-Konto zu belasten; vergl. Seite 45 Ausgleichsbuchungen.

71] Aug. 31. Bei der Inventuraufnahme hat sich ergeben, daß dem Fert. Waren-Konto ℳ 19.90 für Allg. Unkosten zuviel belastet sind; vergl. Seite 42 und Inventur.

Buchung: Der Betrag ist dem Fert. Waren-Konto gutzuschreiben und dem Allg. Unkosten-Konto zu belasten; vergl. Seite 45 Ausgleichsbuchungen.

72] „ 31. Bei der Inventuraufnahme hat sich ergeben, daß dem Fert. Waren-Konto ℳ 48.— für Betriebsunkosten zu wenig berechnet sind; vergl. Seite 45 und Inventur.

Buchung: Der Betrag ist dem Fert.-Waren-Konto zu belasten und dem Betriebsunkosten-Konto gutzuschreiben.

73] „ 31. Auf Inventar werden 2% auf ℳ 1 200.— mit ℳ 24.— abgeschrieben.

Buchung: Alle Abschreibungen sind dem Gewinn- und Verlust-Konto zu belasten und dem Konto, auf dem die Abschreibung erfolgt, hier also das Inventar-Konto, gutzuschreiben; vergl. Seite 46.

74] „ 31. Auf Maschinen und Geräte werden

2% auf	ℳ 7 082.—	(Maschinen)	mit	ℳ 141.64
4% „	ℳ 2 891.—	(Geräte)	mit	„ 115.64
			zus.	ℳ 257.28

abgeschrieben.

Buchung: Vergl. Geschäftsvorfall Nr. 73.

75] „ 31. Auf das Grundstück der Genossenschaft wird 1/6% auf ℳ 41 134.— mit ℳ 68.55 abgeschrieben.

Buchung: Wie Geschäftsvorfall Nr. 73.

76] „ 31. Auf Material werden, da die Einkaufspreise zurückgegangen sind, ℳ 44.— abgeschrieben.

Buchung: Wie Geschäftsvorfall Nr. 73.

77] „ 31. Die Firma J. Mertens, Hamm, ist in Konkurs geraten, wodurch die Genossenschaft einen Verlust von ℳ 260.— erleidet.

Buchung: Der Verlust von ℳ 260.— ist dem Gewinn- und Verlust-Konto zu belasten und dem Kunden-Konto gutzuschreiben.

78] „ 31. Der an den abgelieferten und berechneten fertigen Waren erzielte Gewinn wird, wie auf Seite 45 erläutert, berechnet und beträgt ℳ 2 773.92.

Buchung: Der Betrag ist dem Fert. Waren-Konto zu belasten und dem Gewinn- und Verlust-Konto gutzuschreiben.

79] Aug. 31. Für die in dem Grundstück Friedrichstr. 17 vermieteten Räume sind ℳ 50.— Miete eingezahlt.

Buchung: Der Betrag ist dem Kasse-Konto zu belasten und dem Grundstücks-Konto gutzuschreiben.

80] „ 31. An Friedr. Warnecke werden ℳ 166.67 für Zinsen auf die von ihm als Betriebskapital hergeliehenen ℳ 20 000.— gezahlt.

Buchung: Der Betrag ist dem Kasse-Konto gutzuschreiben und dem Friedr. Warnecke, Betriebskapital-Konto zu belasten.

81/82] Sept. 16. Die Generalversammlung hat beschlossen, aus dem Reingewinn 2% Gewinnanteil auf ℳ 11 000.— Guthaben auf Geschäftsanteil-Konto zu verteilen und den Rest des Reingewinns von ℳ 2 042.70 dem Rücklage-Konto zu überweisen.

Buchung: Dem Gewinnanteil-Konto werden ℳ 220.— und dem Rücklage-Konto ℳ 2 042.70 gutgeschrieben und die gleichen Beträge dem Gewinn- und Verlust-Konto belastet.

83] „ 17. Kasse-Konto zahlt an Aug. Bähr Kasse, 2% Gewinnanteil auf ℳ 1 000.— = ℳ 20.—.

Buchung: Der Betrag von ℳ 20.— ist dem Kasse-Konto gutzuschreiben und dem Gewinnanteil-Konto zu belasten.

Monatszusammenstellungen.

Der Zweck der Monatszusammenstellungen (Seite 68) ist schon bei Besprechung des Tagebuches Seite 11 erklärt worden. Die Eintragungen können auf lose Blätter, besser aber in ein gebundenes Buch erfolgen. Die Kontenanordnung ist die gleiche, wie die im Tagebuche; an die Stelle der Kolonne „Geschäftsvorfälle" im Tagebuche tritt in den Monatszusammenstellungen die Angabe der Monate.

Nachdem am Monatsende das Tagebuch abgeschlossen ist, also der Gesamtumsatz auf jedem Konto sowohl unter Belastungen wie unter Gutschriften durch Zusammenzählen der einzelnen Beträge ermittelt ist, werden die Endzahlen in die Kontenkolonnen der Monatszusammenstellung eingetragen. An jedem folgenden Monatsschluß werden die in gleicher Weise ermittelten Endsummen aus dem Tagebuche in die Monatszusammenstellungen übertragen und den vorhergehenden Beträgen hinzugezählt. Die neuen Endsummen ergeben dann die in den voraufgegangenen Zeiträumen auf den Konten erzielten Gesamtumsatzziffern.

Es ist häufig von Wert, zu erfahren, wie hoch an einem bestimmten Tage der buchmäßige Bestand an Waren oder Material, an ausstehenden Forderungen oder Schulden ist. Diese Bestände sind mit Hilfe der Monatszusammenstellungen, wie nachstehende Beispiele zeigen, in einfacher Weise festzustellen.

Wie hoch ist der buchmäßige Wert des vorhandenen Materials am 16. August 1915?

Bestand laut Eröffnungsbilanz vom 30. Juni 1915 . . .		ℳ —.—
Empfangenes Material im Monat Juli laut Monatszusammenstellung		„ 28 828.50
Empfangenes Material 1.—15. August laut Tagebuch . .		„ 48 900.—
		ℳ 77 728.50
abzüglich:		
Gutschriften im Juli 1915 laut Monatszusammenstellung	ℳ 4 265.14	—
Gutschriften 1.—15. August laut Tagebuch	„ 16 004.08	ℳ 20 269.22
Buchmäßiger Wert am 16. August 1915		ℳ 57 459.28

Wie hoch ist der buchmäßige Wert der vorhandenen fertigen Waren am 16. August 1915?

Der Bestand ergibt sich aus dem Lagerbuch, der Herstellungspreis der einzelnen Stücke aus dem Kalkulationsbuch. Am 15. August 1915 sind vorhanden laut Lagerbuch 100 Patronentaschen, Herstellungspreis Stück ℳ 9.30	ℳ 930.—

Wie hoch sind die Schulden an Lieferanten am 16. August 1915?

Schulden laut Eröffnungsbilanz vom 30. Juni 1915 . .		ℳ 1 200.—
Gutschriften im Monat Juli laut Monatsaufstellung . .		„ 42 344.—
Gutschriften vom 1.—15. August 1915 laut Tagebuch . .		„ 60 404.—
		ℳ 103 948.—
abzüglich:		
Belastungen im Monat Juli 1915 laut Monatszusammenstellung	ℳ 27 996.—	
Belastungen vom 1.—15. August 1915 laut Tagebuch	„ 48 754.—	ℳ 76 750.—
Schulden am 16. August 1915		ℳ 27 198.—

Wie hoch sind die Forderungen an Kunden am 16. August 1915?

Forderungen laut Eröffnungsbilanz am 30. Juni		ℳ —.—
Belastungen im Monat Juli laut Eröffnungsbilanz . . .		„ 8 448.—
„ vom 1.—15. August 1915 laut Tagebuch . .		„ 30 470.—
		ℳ 38 918.—
abzüglich:		
Gutschriften im Monat Juli laut Monatsaufstellung	ℳ 7 230.—	
Gutschriften vom 1.—15. August 1915 laut Tagebuch	„ —.—	ℳ 7 230.—
Forderungen am 16. August 1915		ℳ 31 688.—

Wie hoch ist der auf Fert. Waren-Konto erzielte Gewinn am 16. August 1915?

Die Gutschriften für abgelieferte Waren betragen im Monat Juli 1915 laut Monatsaufstellung		ℳ 7 230.—
Vom 1.—15. August 1915 laut Tagebuch		„ 30 470.—
		ℳ 37 700.—
dazu Bestand an fertigen Waren laut Lagerbuch 100 Patronentaschen, Herstellungspreis laut Kalkulationsbuch		ℳ 930.—
		ℳ 38 630.—
abzüglich:		
Belastungen für angefertigte Waren im Monat Juli laut Monatszusammenstellung	ℳ 7 834.—	
vom 1.—15. August 1915 laut Tagebuch	„ 29 008.—	ℳ 36 842.—
Der erzielte Gewinn beträgt		ℳ 1 788.—

Wie hoch ist der buchmäßige Bestand des Kassa-Kontos am 16. August 1915?

Bestand laut Eröffnungsbilanz vom 30. Juni 1915 . . .		ℳ 22 040.—
Belastungen im Monat Juli laut Monatsaufstellung . .		„ 33 910.—
„ vom 1.—15. August 1915 laut Tagebuch . .		„ —.—
		ℳ 55 950.—
abzüglich:		
Gutschriften im Monat Juli laut Monatsaufstellung	ℳ 45 907.40	
vom 1.—15. August 1915 laut Tagebuch.	„ 882.—	ℳ 46 789.40
Der buchmäßige Kassenbestand beträgt		ℳ 9 160.60

Zweckmäßig ist es, den buchmäßigen Kassenbestand an jedem Monatsende zu ermitteln und im Tagebuch unter Belastungen auf dem Kassa-Konto mit roter Tinte vorzutragen. Man hat dann nur nötig, den im laufenden Monate gebuchten Belastungen den Kassenbestand aus dem Vormonat hinzuzurechnen und die Summe der Gutschriften aus dem laufenden Monat abzuziehen.

Kassenbestand am 1. August 1915	*M*	10 042.60
Belastungen vom 1.—15. August 1915 laut Tagebuch . .	„	—
	M	10 042.60
Gutschriften vom 1.—15. August 1915 laut Tagebuch . .	„	882.—
Buchmäßiger Kassenbestand am 16. August 1915 . .	*M*	9 160.60

Buchungen im Hauptbuche.

Die Aufgabe des Hauptbuches (Seite 18) ist es, über den Stand der einzelnen im Tagebuch enthaltenen Konten Aufschluß zu geben. Sämtliche Posten, die im Tagebuche in der Reihenfolge, wie sie sich ereignet haben, gebucht sind, müssen auch im Hauptbuch erscheinen.

In dem Hauptbuche wird deshalb für jedes im Tagebuche aufgeführte Konto ein Konto errichtet, auf welches die das Konto betreffenden Geschäftsvorfälle aus dem Tagebuche mit Angabe des Tages und des ausmachenden Betrages in kurzen Worten, jedoch unbedingt verständlich, übertragen werden.

Die folgenden Sammelkonten des Tagebuches, das Lieferanten-Konto, das Kunden-Konto und das Betriebskapital-Konto werden im Hauptbuch in der Weise in Einzelkonten zerlegt, daß für jede durch eins dieser Sammelkonten vertretene Person ein besonderes Konto eingerichtet wird, auf welches als Konto-Inhaber die betreffende Person und das Sammelkonto angegeben wird, z. B. W. Oldemeyer Nachfl., Hannover - Lieferanten-Konto, Heinrich Dreyer - Betriebskapital-Konto.

Sehr zu empfehlen ist es, für die Buchungen auf Geschäftsanteil- und Gewinnanteil-Konto ein besonderes Hauptbuch anzulegen und in diesem für jedes Mitglied ein gemeinschaftliches Konto für Geschäftsanteile und Gewinnanteile zu errichten. Formulare siehe Anhang zum III. Teil Nr. 11 und 12.

Für große Betriebe mit zahlreichen Lieferanten- und Kunden-Konten ist es zweckmäßig, für Lieferanten und Kunden je ein besonderes Hauptbuch einzurichten.

Bei folgenden Konten, nämlich dem Kassa-Konto, dem Bank-Konto, dem Akzepte-Konto, dem Material-Konto, dem Löhne-Konto, dem Allg. Unkosten-Konto, dem Betriebsunkosten-Konto und dem Fert. Waren-Konto werden am Ende des Monats nur die Gesamt-Belastungen und Gesamt-Gutschriften mit Angabe des letzten Monatstages in das Hauptbuch übertragen; eine Buchung der Einzelposten ist nicht erforderlich, weil letztere aus den im Tagebuch enthaltenen Kolonnen sehr leicht ersichtlich sind.

Bei den Sammelkonten dagegen, nämlich dem Lieferanten-Konto, dem Kunden-Konto, dem Betriebskapital-Konto und bei dem im Tagebuch in der Kolonne „Konto für Verschiedene" untergebrachten Konten, für die im Hauptbuch Einzelkonten eingerichtet werden, und beim Gewinn- und Verlust-Konto müssen sämtliche Tagebuchposten einzeln mit Angabe des Tages in das Hauptbuch übertragen werden.

Nach Übertragung aus dem Tagebuche in das Hauptbuch ist bei jedem Posten im Tagebuch in die Kolonne „Hauptbuchseite" die Nummer der Seite des Hauptbuches, auf welche der Posten übertragen ist, einzutragen. Im übrigen ist zu bemerken, daß alle Belastungen im Tagebuche auch im Hauptbuche unter Belastungen, alle Gutschriften im Tagebuche auch im Hauptbuche unter Gutschriften erscheinen.

In einer Ausgabe der „Hansa"-Buchführung ist im Hauptbuch vor der Kolonne „Tagebuchseite" eine Kolonne „Fälligkeit" angeordnet, zu dem Zwecke, in dieselbe einzutragen, wann eine Schuld oder Forderung bezahlt werden muß. Diese Eintragungen sollen einen schnellen Überblick ermöglichen, welche Zahlungen bis zu einem gewissen Zeitpunkt zu leisten sind und welche Forderungen bis dahin eingehen müssen.

Jahresrechnung einschließlich Bilanz.

Die Jahresrechnung umfaßt die Aufnahmen der Bestände an Vermögen und Schulden der Genossenschaft, die Ermittelung des Reingewinnes und die Aufstellung der Bilanz. Alle hierfür notwendigen Zusammenstellungen sind in das Inventur- und Bilanzbuch einzutragen. Das Inventur- und Bilanzbuch enthält ein Muster für eine solche Inventuraufnahme, wie sie sich aus den in diesem Lehrgange enthaltenen Buchungen für die Lieferungsgenossenschaft der Sattler in B. ergibt.

Für die Aufnahme der Inventur ist folgendes zu beachten:

Wirkliche Bestände an Waren, Material usw.

Zunächst werden die vorhandenen Mengen an Material, in Arbeit befindlichen und fertigen Waren aufgenommen und die nicht verrechneten Löhne, allgemeinen Unkosten und Betriebsunkosten festgestellt.

Das vorhandene Material ist nach Gattungen zu trennen; als Inventurpreise sind die für die einzelnen Gattungen gezahlten Einkaufspreise oder die Tagespreise, falls diese niedriger sind, zuzüglich eines Zuschlags für Fracht und Rollgeld in Anrechnung zu bringen.

Der Materialwert des vorgearbeiteten Materials ist zu den Inventurpreisen für unverarbeitetes Material in die Inventur aufzunehmen. Der Wert des unverarbeiteten und des vorgearbeiteten

Materials bildet dann zusammen den Gesamtwert des vorhandenen Materials (vergl. Inventurbuch Nr. 2).

Die für die Herstellung von Waren verausgabten Löhne, allgemeinen Unkosten und Betriebsunkosten werden, wie unter Fert. Waren-Konto, ausgeführt, diesem Konto erst dann belastet, wenn die fertigen Waren an das Fert. Waren-Konto abgeliefert werden. Die Löhne, allgemeinen Unkosten und Betriebsunkosten für vorgearbeitete Waren, deren Wert also in den vorgearbeiteten Waren steckt, bilden demnach besondere Vermögenswerte, die in der Bilanz als solche erscheinen müssen (vergl. Inventur- und Bilanzbuch Seite 2 und 3). Für vorgearbeitete Waren sind die gezahlten Akkordlöhne, die allgemeinen Unkosten und Betriebsunkosten nach sorgfältiger Schätzung in Anrechnung zu bringen; waren keine Akkordlöhne vereinbart, so müssen auch die gezahlten Löhne abgeschätzt werden. Die vorhandenen Mengen an fertigen Waren werden nach Gattungen getrennt aufgenommen und zu den im Kalkulationsbuch berechneten Herstellungskosten in die Inventur eingestellt.

Buchmäßige Bestände an Material, Waren usw.

Sind auf diesem Wege die wirklichen Werte der vorhandenen Vorräte an Material, vorgearbeiteten und fertigen Waren, nicht verrechneten Löhnen, allgemeinen Unkosten und Betriebsunkosten festgelegt, so wird dazu geschritten, die buchmäßigen Werte derselben zu ermitteln.

Dies geschieht, indem nach den Monatszusammenstellungen und den noch nicht abgeschlossenen Eintragungen im letzten Geschäftsmonat von den im Laufe des Geschäftsjahres erfolgten Belastungen auf Material-, Fert. Waren-, Löhne-, Allg. Unkosten- und Betriebsunkosten-Konto die in dem gleichen Zeitraume erfolgten Gutschriften abgesetzt werden; der Überschuß der Belastungen über die Gutschriften ergibt dann, ausgenommen beim Fert. Waren-Konto, den buchmäßigen Bestand, wie folgende Beispiele zeigen:

Material:

Die Belastungen auf Material-Konto für empfangenes Material betragen laut Monatszusammenstellungen .	ℳ 79 462.50
dazu Bestand laut letzter Bilanz (in diesem Falle nicht vorhanden)	„ —.—
davon sind abzusetzen:	ℳ 79 462.50
Gutschriften auf Material-Konto für verrechnetes oder zurückgegebenes Material laut Monatszusammenstellungen, jedoch ohne die Ausgleichbuchung von ℳ 18.—, Geschäftsvorfall Nr. 70 (vergl. Ausgleichbuchungen Seite 44/45)	ℳ 34 798.22
Der buchmäßige Wert des vorhandenen Materials beträgt demnach	ℳ 44 664.28

Löhne:

Belastungen auf Löhne-Konto für verausgabte Löhne laut Monatsaufstellung	ℳ 2 380.—
dazu Bestand der nicht verrechneten Löhne laut letzter Bilanz (in diesem Falle nicht vorhanden)	„ —.—
	ℳ 2 380.—
davon sind abzusetzen:	
Gutschriften auf Löhne-Konto für verrechnete Löhne laut Monatsaufstellung	„ 1 935.—
Der buchmäßige Betrag der nicht verrechneten Löhne beträgt demnach	ℳ 445.—

Allgemeine Unkosten:

Belastungen auf Allg. Unkosten-Konto für verausgabte Löhne usw. laut Monatszusammenstellungen, jedoch ohne die Ausgleichbuchung von ℳ 19.90, Geschäftsvorfall Nr. 71 (vergl. Ausgleichbuchungen Seite 45) .	ℳ 2 216.02
dazu Bestand der nicht verrechneten allgemeinen Unkosten laut letzter Bilanz (in diesem Falle nicht vorhanden) .	„ —.—
	ℳ 2 216.02
davon sind abzusetzen:	
Gutschriften auf Allg. Unkosten-Konto für verrechnete allgemeine Unkosten laut Monatszusammenstellungen .	„ 1 830.92
Der buchmäßige Bestand der nicht verrechneten allgemeinen Unkosten beträgt demnach	ℳ 385.10

Betriebsunkosten:

Belastungen auf Betriebsunkosten-Konto für verausgabte Löhne laut Monatszusammenstellungen	ℳ 815.70
dazu Bestand der nicht verrechneten Betriebsunkosten laut letzter Bilanz (in diesem Falle nicht vorhanden) . . .	„ —.—
	ℳ 815.70
davon sind abzusetzen:	
Gutschriften auf Betriebsunkosten-Konto für verrechnete Betriebsunkosten laut Monatsaufstellungen, jedoch ohne die Ausgleichbuchung von ℳ 48.—, Geschäftsvorfall Nr. 72 (vergl. Ausgleichbuchungen Seite 45)	ℳ 649.—
Der buchmäßige Betrag der nicht verrechneten Betriebsunkosten beträgt demnach	ℳ 166.70

Die Übereinstimmung des nach der Inventuraufnahme vorhandenen Bestandes an fertigen Waren mit dem Bestande, der sich nach Abzug der abgelieferten und berechneten Waren von den an das Fert. Waren-Konto gelieferten Waren ergibt, muß durch das Lagerbuch nachgewiesen werden. Sind mehr Waren vorhanden als da sein sollen, so liegen Buchungsfehler vor, die durch Nachprüfung aufgeklärt werden müssen. Fehlen dagegen Waren, so kann dies auf unterlassene Buchung abgelieferter Waren, die dann sofort nachzuholen ist, oder auf irrtümliche oder unrechtmäßige Entfernung von Waren aus dem Lager zurückzuführen sein. Handelt es sich in letzterem Falle um einen größeren Betrag, so ist derselbe dem Verlust- und Gewinn-Konto zu belasten und dem Fert. Waren-Konto gutzuschreiben. Bei einem unerheblichen Betrage kann eine besondere Buchung unterbleiben, es verringert sich dann der auf dem Fert. Waren-Konto ruhende Reingewinn um den in Frage kommenden Betrag.

Anders liegt es hinsichtlich der Unterschiede, die sich zwischen dem wirklichen Bestande und dem buchmäßigen Bestande beim Material, bei Löhnen, allgemeinen Unkosten oder Betriebsunkosten am Schluß des Rechnungsjahres regelmäßig ergeben werden. Es ist ganz unmöglich, die Menge an verarbeitetem Material einschließlich des Verschnitts und sonstiger Abgänge infolge unvermeidlicher Bestandsveränderungen, wie Eintrocknen von Leder und ähnliches, so genau festzustellen, daß jede Abweichung gegenüber dem wirklichen Verbrauch ausgeschlossen ist; ebensowenig können die Löhne, abgesehen von Akkordlöhnen, sowie die auf die einzelnen Arbeiten entfallenden Unkosten unbedingt genau berechnet werden. Für die Berechnung der Herstellungskosten fertiger Waren an Löhnen, soweit es sich nicht um Akkordlöhne handelt, ferner an allgemeinen Unkosten, Betriebsunkosten und an Verschnitt usw. werden bei Eröffnung eines Geschäftsbetriebes zunächst Erfahrungssätze festgesetzt; diese Sätze werden alljährlich auf Grund der tatsächlich geleisteten Aufwendungen erhöht oder ermäßigt, um sie der Wirklichkeit möglichst nahe zu bringen.

Ausgleichbuchungen.

In der Jahresrechnung müssen natürlich die Bestände in der Bilanz mit denen in der Inventuraufnahme genau übereinstimmen; die Abweichungen müssen deshalb durch entsprechende Ausgleichbuchungen beseitigt werden. Es sind folgende Abweichungen möglich:

1. Der wirkliche Bestand nach der Inventuraufnahme an Material ist höher als der buchmäßige Bestand. — Dann sind die Aufschläge für Verschnitt usw. zu groß gewesen und das Fert. Waren-Konto ist bei Berechnung der ihm gelieferten Waren zu hoch belastet. Der überschießende Betrag ist dem Fert. Waren-Konto gutzuschreiben und dem Material-Konto zu belasten.

2. Der wirkliche Bestand nach der Inventuraufnahme ist niedriger als der buchmäßige Bestand. — Dann sind die Aufschläge für Verschnitt usw. zu niedrig gewesen oder es ist Material auf irrtümliche oder unrechtmäßige Weise vom Lager entfernt worden. Der Fehlbetrag ist dem Fert. Waren-Konto zu belasten und dem Material-Konto gutzuschreiben.

3. Der wirkliche Bestand nach der Inventuraufnahme an nicht verrechneten Löhnen in höher als der buchmäßige Bestand. — Dann sind die bei Berechnung der Selbstkosten eingesetzten Löhne für fertige Waren zu hoch gewesen und das Fert. Waren-Konto ist deshalb zu hoch belastet. Der überschießende Betrag ist deshalb dem Löhne-Konto zu belasten und dem Fert. Waren-Konto gutzuschreiben.

4. Der wirkliche Bestand nach der Inventuraufnahme an nicht verrechneten Löhnen ist niedriger als der buchmäßige Bestand. — Die bei Berechnung der Selbstkosten eingesetzten Löhne für fertige Waren sind zu niedrig gewesen und das Fert. Waren-Konto ist deshalb zu niedrig belastet. Der Fehlbetrag ist dem Fert. Waren-Konto zu belasten und dem Löhne-Konto gutzuschreiben.

5. Handelt es sich bei den Löhnen nur um Akkordlöhne, so ist eine Abweichung zwischen dem wirklichen Bestande und buchmäßigem Bestande an nicht verrechneten Löhnen nur auf Fehler in der Buchführung zurückzuführen, die durch Nachprüfung der Belastungen und Gutschriften auf Löhne-Konto aufgeklärt werden müssen.

6. Der wirkliche Bestand nach der Inventuraufnahme an nicht verrechneten Unkosten (allgemeine Unkosten, Betriebsunkosten) ist höher als der buchmäßige Bestand. — Die bei Berechnung der Selbstkosten fertiger Waren eingesetzten Beträge für Unkosten sind zu hoch gewesen und das Fert. Waren-Konto ist zu hoch belastet. Der überschießende Betrag ist dem betreffenden Unkosten-Konto zu belasten und dem Fert. Waren-Konto gutzuschreiben.

6. Der wirkliche Bestand nach der Inventuraufnahme an nicht verrechneten Unkosten (allgemeine Unkosten oder Betriebsunkosten) ist höher als der buchmäßige Bestand. — Die bei Berechnung der Selbstkosten fertiger Waren eingesetzten Beträge für Unkosten sind zu niedrig gewesen und das Fert. Waren-Konto ist zu niedrig belastet. Der Fehlbetrag ist dem betreffenden Unkosten-Konto gutzuschreiben und dem Fert. Waren-Konto zu belasten.

Um die buchmäßigen Bestände auf Material-, Allg. Unkosten- und Betriebsunkosten-Konto mit den durch die Inventuraufnahme festgestellten wirklichen Beständen in Übereinstimmung zu bringen, werden folgende Ausgleichbuchungen im Tagebuche vorgenommen:

Material-Konto.

Der Inventurwert des vorhandenen Materials beträgt .	*M*	44 646.28
Der buchmäßige Wert des vorhandenen Materials beträgt (vergl. Seite 41)	„	44 664.28
Es fehlte demnach Material im Werte von . . .	*M*	18.—

Es ist anzunehmen, daß das Fehlen des Materials in der verhältnismäßig geringen Höhe auf Eintrocknen von Leder oder zu niedrig berechneten Verschnitt zurückzuführen ist. Der Betrag von *M* 18.— ist deshalb dem Fert. Waren-Konto zu belasten und dem Material-Konto gutzuschreiben; Geschäftsvorfall Nr. 70.

Allg. Unkosten-Konto.

Der buchmäßige Bestand nicht verrechneter allgemeiner Unkosten beträgt (vergl. Seite 42)	*M*	385.10
Der wirkliche Bestand laut Inventuraufnahme	„	405.—
Letzterer ist höher um	*M*	19.90

Da der wirkliche Bestand höher ist, sind die dem Fert. Waren-Konto für diesem berechnete Waren belasteten allgemeinen Unkosten zu hoch gewesen. Der Betrag von *M* 19.90 ist daher dem Fert. Waren-Konto gutzuschreiben und dem Allg. Unkosten-Konto zu belasten; Geschäftsvorfall Nr. 71.

Betriebsunkosten-Konto.

Der buchmäßige Bestand nicht verrechneter Betriebsunkosten beträgt (vergl. Seite 42)	*M*	166.—
Der wirkliche Bestand laut Inventuraufnahme	„	118.—
Ersterer ist höher um	*M*	48.—

Da der buchmäßige Bestand höher ist, sind die dem Fert. Waren-Konto für diesem gelieferte Waren belasteten Betriebsunkosten zu niedrig gewesen. Der Betrag von *M* 48.— ist daher dem Fert. Waren-Konto zu belasten und dem Betriebsunkosten-Konto gutzuschreiben; Geschäftsvorfall Nr. 72.

Gutschriften auf Gewinn- und Verlust-Konto.

Wie unter Fert. Waren-Konto Seite 14/15 ausgeführt, bezieht dieses Konto die fertigen Waren zu Herstellungspreisen und gibt sie zu Verkaufspreisen an die Kunden der Genossenschaft weiter. Die fertigen Waren werden dem Fert. Waren-Konto beim Empfang zu *Herstellungspreisen belastet* und bei der Ablieferung zu den *Verkaufspreisen gutgeschrieben.* Die Folge hiervon ist, daß in der am Jahresschluß auf dem Fert. Waren-Konto nach Abzug der Gutschriften verbleibenden Belastung

1. der Wert des nach der Inventuraufnahme vorhandenen Bestandes an fertigen Waren,
2. der gesamte im Laufe des Geschäftsjahres an den verkauften und berechneten Waren erzielte Gewinn (der Überschuß der Verkaufspreise über die Herstellungspreise)

enthalten ist.

Dieser Gewinn wird in folgender Weise berechnet:

Die Gutschriften auf Fert. Waren-Konto für abgelieferte und verrechnete Waren betragen laut Monatsaufstellungen		ℳ 58 559.90
Die Selbstkosten der vorhandenen fertigen Waren laut Inventuraufnahme		„ 6 562.—
zus.		ℳ 65 121.90
davon sind abzusetzen:		
Belastungen auf Fert. Waren-Konto laut Monatsaufstellungen jedoch ohne den am 31. Aug. gebuchten Gewinnposten	ℳ 62 348.—	
dazu Bestand laut letzter Bilanz (in diesem Falle nicht vorhanden)	„ —.—	ℳ 62 348.—
Der verbleibende Überschuß von		ℳ 2 773.90

bildet den im abgelaufenen Geschäftsjahre an den verkauften und berechneten Waren erzielten Gewinn, der dem Fert. Waren-Konto zu belasten und dem Gewinn- und Verlust-Konto gutzuschreiben ist. Vergl. Buchung des Geschäftsvorfalls Nr. 78.

Außer dem Fert. Waren-Konto besitzt die Genossenschaft nur noch ein gewinnbringendes Konto, das Bank-Konto. Auf diesem Konto ist (vergl. Geschäftsvorfall Nr. 64) ein Gewinn an Zinsen auf das Bankguthaben erzielt, der von der Gewerbebank in Höhe von ℳ 142.70 vergütet ist. Dieser Zinsgewinn ist dem Gewinn- und Verlust-Konto gutzuschreiben und dem Bank-Konto zu belasten.

Belastungen auf Gewinn- und Verlust-Konto.

Bei der Inventuraufnahme sind alle Vermögenswerte daraufhin zu prüfen, ob der buchmäßige Wert derselben, nachdem die Ausgleichbuchungen erfolgt sind, auch dem inneren Werte derselben entspricht; ist letzterer niedriger als der buchmäßige Wert, so sind angemessene Abschreibungen vorzunehmen; d. h. die Minderwerte sind den betreffenden Konten gutzuschreiben und dem Gewinn- und Verlust-Konto zu belasten. Im Geschäftsverkehr haben sich bestimmte Prozentsätze für Abschreibungen herausgebildet, so für Grundstücke 1—2%, Maschinen

10—15%, Geräte 20—25%, uneinbringliche Forderungen sind voll abzuschreiben, zweifelhafte Forderungen nur auf ihren voraussichtlichen Wert. Alle Abschreibungen sind den Konten, auf denen sie erfolgen, gutzuschreiben und dem Gewinn- und Verlust-Konto zu belasten. In dem vorliegenden Lehrgange sind folgende in den Geschäftsvorfällen Nr. 73 bis Nr. 77 erläuterten Abschreibungen, und zwar, da der Lehrgang zwei Monate umfaßt, auch nur für diesen Zeitraum berechnet, verbucht. Es ist nützlich, wenn es die Gewinne der Genossenschaft gestatten, möglichst hohe Abschreibungen vorzunehmen, um bei Eintritt schlechterer Zeiten in der Lage zu sein, die Abschreibungen ermäßigen zu können.

Der Unterschied zwischen dem Gesamtbetrage der Belastungen und dem Gesamtbetrage der Gutschriften ergibt, wenn die Gutschriften größer sind, den erzielten Reingewinn, wenn die Belastungen größer sind, den erlittenen Verlust.

Abschluß der Hauptbuchkonten.

Nachdem alle Posten aus dem Tagebuche in das Hauptbuch übertragen sind, werden die einzelnen Hauptbuchkonten abgeschlossen, d. h. es wird festgestellt, welche Vermögen und Schulden am Ende des Geschäftsjahres auf den einzelnen Konten vorhanden sind. Auf jedem Konto wird zunächst die Summe der Belastungen und die Summe der Gutschriften ermittelt. Sind die Belastungen größer als die Gutschriften, so schuldet der Kontoinhaber. Der Mehrbetrag wird mit der Bezeichnung Schuldausgleich bei Personenkonten oder Bestandausgleich bei Sachkonten und mit der Angabe des Abschlußtages auf der Guthabenseite eingetragen und damit beide Seiten ausgeglichen. Alsdann werden diese Ausgleichposten mit der Angabe des nächstfolgenden Tages auf der Seite für Belastungen mit der Bezeichnung Schuldvortrag oder Bestandvortrag vorgetragen. Stellt sich die Gutschriftenseite als die größere heraus, so hat der Kontoinhaber ein Guthaben. Die Mehrbeträge werden mit der Bezeichnung Guthabenausgleich, beim Gewinn- und Verlust-Konto Reingewinn, auf der Belastungenseite zum Ausgleich eingetragen und auf der Guthabenseite als Guthabenvortrag bezw. Reingewinn vorgetragen.

Bilanz.

Aus den auf den einzelnen Hauptbuchkonten verbliebenen Ausgleichposten wird nunmehr die Bilanz aufgestellt. Sind auf einem Konto die Belastungen größer wie die Gutschriften, so daß ein Schuldausgleichposten oder Bestandausgleichposten entsteht, so stellen diese einen Vermögenswert der Genossenschaft dar. Sind dagegen die Gutschriften größer wie die Belastungen, so ergibt sich daraus eine Schuld der Genossenschaft. In der Bilanz werden die Vermögenswerte auf der linken Seite unter Vermögen, die Schulden einschließlich des Reingewinns auf der rechten Seite unter Schulden aufgeführt. Die Gesamtbeträge beider Seiten müssen übereinstimmen. Die Bilanz ist in gleicher Weise von den Vorstandsmitgliedern zu unterschreiben, wie die Eröffnungsbilanz; vergl. Inventur- und Bilanzbuch Seite 5.

Verteilung des Reingewinns.

Die Verteilung des Reingewinns unterliegt der Beschlußfassung der Generalversammlung. Es wird angenommen, daß die Generalversammlung am 15. Sept. 1915 beschlossen hat, einen Gewinnanteil von 2% auf ℳ 11 000.— Guthaben der Mitglieder auf Geschäftsanteil-Konto mit ℳ 220.— zu verteilen und den verbleibenden Restbetrag des Reingewinns dem Rücklage-Konto zuzuführen. Die Geschäftsvorfälle Nr. 81 und 82, die durch Tagebuch und Hauptbuch verbucht sind, zeigen, in welcher Weise die Buchungen auszuführen sind.

Ausgeführte Buchungen.

Inventur- und Bilanzbuch.

Inventur- und Bilanzbuch.

1 **Eröffnungsbilanz vom 30. Juni 1915.** 2

Vermögen.		M	Pf
Kasse-, Wechsel- und Scheck-Konto:			
Kasse, Einzahlungen auf Geschäftsanteil-Konto			
durch Heinr. Dreyer	M 1 000,—		
„ Gust. Walter	„ 1 000,—		
Kasse, Einzahlungen auf Rücklage-Konto für Eintrittsgeld			
durch Heinr. Dreyer	„ 20,—		
„ Gust. Walter	„ 20,—		
Kasse, Einzahlungen auf Betriebskapital-Konto			
durch Gust. Bähr	„ 10 000,—		
„ Hans Müller	„ 10 000,—	22 040	—
Inventar-Konto:			
Büro-Einrichtung geliefert von W. Oldemeyer Nachf., Hannover		1 200	—
		23 240	—

Schulden.		M	Pf
Geschäftsanteil-Konto:			
Einzahlung von Heinr. Dreyer für 1 Geschäftsanteil	M 1 000,—		
Einzahlung von Gust. Walter für 1 Geschäftsanteil	„ 1 000,—	2 000	—
Rücklage-Konto:			
Einzahlung von Heinr. Dreyer für Eintrittsgeld	M 20,—		
Einzahlung von Gust. Walter für Eintrittsgeld	„ 20,—	40	—
Betriebskapital-Konto:			
Einzahlung von Gust. Bähr		20 000	—
Lieferanten-Konto:			
W. Oldemeyer Nachf., Hannover, für Büro-Einrichtung		1 200	—
		23 240	—

B. . . . . . ., den 30. Juni 1915.

Lieferungsgenossenschaft der Sattler in B.
eingetragene Genossenschaft mit beschränkter Haftpflicht
(Unterschriften der Vorstandsmitglieder).

	M	*M*	*Pf*
Material-Konto:			
Rohmaterial:			
? kg Leder . . . . kg		?	
? Groß Schnallen . . . . Groß		?	
zus.		34 429	03
Sämtliches Material ist nach Art und Menge zu Einkaufspreisen aufzunehmen oder zu Tagespreisen, falls diese niedriger sind.			
Vorgearbeitetes Material:			
40 Paar Geschirre laut Kalk.-Buch Paar	249,70	9 988	—
45 Stück Halfterzäume . . . . Stück	6,05	272	25
		44 690	28
Abschreibung, Gewinn- und Verlust-Konto belastet (vergl. Geschäftsvorfall Nr. 76)		44	—
		44 646	28
Löhne-Konto:			
nicht verrechnete Löhne für vorgearbeitete			
40 Paar Geschirre laut Kalk.-Buch . Paar	10,—	400	—
45 Stück Halfterzäume . . . . Stück	1,—	45	—
		445	—
Allg. Unkosten-Konto:			
nicht verrechnete allg. Unkosten für vorgearbeitete			
40 Paar Geschirre laut Kalk.-Buch Paar	9,—	360	—
45 Stück Halfterzäume . . . . Stück	1,—	45	—
		405	—

	M	*M*	*Pf*
Betriebsunkosten-Konto:			
nicht verrechnete Betriebsunkosten für vorgearbeitete			
40 Paar Geschirre laut Kalk.-Buch Paar	2,50	100	—
45 Stück Halfterzäume . . . . Stück	—,40	18	—
		118	—
Fert. Waren-Konto:			
100 Stück Patronentaschen	9,30	930	—
200 „ Rucksäcke	5,80	1 160	—
10 Paar Geschirre	447,20	4 472	—
		6 562	—
Lieferanten-Konto:			
Behrens & Sohn, Hamburg		7 667	—
Bergmann Elektr.-Werke, Berlin		1 098	—
Friedr. Rob. Hyland, Hannover		8 517	—
Gust. Bähr, B.		8 800	—
Fritz Warnecke, B.		1 980	—
Gust. Walter, B.		10 090	—
		38 152	—
Kunden-Konto:			
Militärverwaltung in B.		3 800	—
Kaiser & Sohn, Berlin.		2 968	—
		6 768	—

5 **Bilanz vom 31. August 1915.** 6

Vermögen.	M	Pf	Schulden.	M	Pf
Kasse-, Wechsel- und Scheck-Konto	8 476	55	Akzepte-Konto	55 000	—
Bank-Konto	57 468	92	Lieferanten-Konto	38 152	—
Material-Konto	44 646	28	Hypotheken-Konto	30 000	—
Löhne-Konto	445	—	Geschäftsanteil-Konto	11 000	—
Allg. Unkosten-Konto	405	—	Rücklage-Konto	200	—
Betriebsunkosten-Konto	118	—	Betriebskapital-Konto	40 166	67
Fert. Waren-Konto	6 562	—	Gewinn- und Verlust-Konto: Reingewinn	2 262	77
Inventar-Konto	1 176	—			
Maschinen- und Geräte-Konto	9 650	24			
Grundstücks-Konto	41 065	45			
Kunden-Konto	6 768	—			
	176 781	44		176 781	44

B. . . . . . . , den 31. August 1915.

Lieferungsgenossenschaft der Sattler in B.
eingetragene Genossenschaft mit beschränkter Haftpflicht
(Unterschriften der Vorstandsmitglieder).

Tagebuch.

(Die Monats-Zusammenstellungen befinden sich auf Seite 68.)

1 **Bela**

Geschäftsvorfall Nr.	Verschiedene: Inventar-Kto., Masch.- u. Geräte- „, Grundstücks- „, Hypotheken- „, Geschäftsanteil- „, Gewinnanteil- „, Rücklage- „, Betriebskapital- „, Gewinn- u. Verlust- „ (M, Pf)	Fertige Waren-Konto: an Waren hergestellt (M, Pf)	Betriebsunkosten-Konto: für Betriebsunkosten gezahlt (M, Pf)	Allgem. Unkosten-Konto: für allgemeine Unkosten gezahlt (M, Pf)	Löhne-Konto: für Löhne gezahlt (M, Pf)	Material-Konto: an Material empfangen (M, Pf)	Kunden-Konto: an Kunden gegeben (M, Pf)	Lieferanten-Konto: an Lieferanten gegeben (M, Pf)
	Inventar-Kto. 1 200 —							
	1 200 —							
							Kassenbestand am	
1								
2								
3				396 —				
4								
				396 —				

…gen. Gutsc…

Bank-Konto: an Bank gegeben (M / Pf)	Kasse-, Wechsel- und Scheck-Konto: Kasse, Wechsel und Schecks empfangen (M / Pf)	Hauptbuch-Seite	Tag	Gesamt-Betrag (M / Pf)	Hauptbuch-Seite	Geschäftsvorfälle	Kasse-, Wechsel- und Scheck-Konto: Kasse, Wechsel und Schecks gegeben (M / Pf)	Bank-Konto: von Bank empfangen (M / Pf)	Akzepte-Konto: Akzepte gegeben (M / Pf)	Lieferanten-Konto: von Lieferanten empfangen (M / Pf)	Kunden-Konto: von Kunden empfangen (M / Pf)	Material-Konto: für Material berechnet (M / Pf)
						Monat Juni 1915.						
						Überträge aus der Eröffnungsbilanz:						
		1	30		16	Kassa-Kto. empfängt durch Geschäftsanteil-Kto.						
	1 000 —			1 000		Kasse für 1 Geschäftsanteil Heinr. Dreyer						
		1	30		16	Kassa-Kto. empfängt durch Geschäftsanteil-Kto.						
	1 000 —			1 000		Kasse für 1 Geschäftsanteil Gust. Walter						
		1	30		17	Kassa-Kto. empfängt durch Rücklage-Kto.						
	20 —			20		Kasse f. Eintrittsgeld Heinr. Dreyer						
		1	30		17	Kassa-Kto. empfängt durch Rücklage-Kto.						
	20 —			20		Kasse f. Eintrittsgeld Gust. Walter						
		1	30		17	Kassa-Kto. empfängt durch Gust. Bähr, Betriebskapital-Kto.						
	20 000 —			20 000		Kasse, Einzahlung Gust. Bähr						
			30			Inventar-Kto. empfängt durch W. Oldemeyer Nachf., Hannover, Lief.-Kto.						
				1 200		Büro-Inventar				1 200 —		
	22 040 —			23 240 —						1 200 —		
…915 (rot)	**22 040 —**					**Monat Juli 1915.**						
		1	1		19	Kassa-Kto. b. Fr. Warnecke, Betriebskapital-Kto.						
	20 000			20 000		Kasse						
		1	1		16	Kassa-Kto. b. Geschäftsanteil-Kto.						
	8 000 —			8 000 —		Kasse für je 1 Geschäftsanteil von M 1000.— durch Gust. Bähr, Hans Müller, Fr. Warnecke, Wilh. Meyer, Aug. Hahn, Georg Winter, Carl Heine, Franz Schulze						
		1	1		17	Kassa-Kto. b. Rücklage-Kto.						
	160 —			160 —		Kasse f. Eintrittsgeld durch Gust. Bähr, Hans Müller, Fr. Warnecke, Wilh. Meyer, Aug. Hahn, Georg Winter, Carl Heine, Franz Schulze je M 20.—						
		12	1			Allg. Unkosten-Kto. b. W. Oldemeyer Nachf., Hannover, Lief.-Kto.						
				396		Geschäftsbücher und Drucksachen				396 —		
		1	2		1	Bank-Kto. b. Gewerbebank b. Kassa-Kto.						
25 000 —				25 000		Kasse	25 000 —					
25 000 —	28 160 —			53 556		Überträge	25 000 —			396 —		

2 **Bela**

Geschäftsvorfall Nr.	Verschiedene: Inventar-Kto., Masch.- u. Geräte- „, Grundstücks- „, Hypotheken- „, Geschäftsanteil- „, Gewinnanteil- „, Rücklage- „, Betriebskapital- „, Gewinn- u. Verlust- „ (ℳ ₰)	Fertige Waren-Konto an Waren hergestellt (ℳ ₰)	Betriebsunkosten-Konto für Betriebsunkosten gezahlt (ℳ ₰)	Allgem. Unkosten-Konto für allgemeine Unkosten gezahlt (ℳ ₰)	Löhne-Konto für Löhne gezahlt (ℳ ₰)	Material-Konto an Material empfangen (ℳ ₰)	Kunden-Konto an Kunden gegeben (ℳ ₰)	Lieferanten-Konto an Lieferanten gegeben (ℳ ₰)
				396 —				
5						18 643 —		
6						52 50		
7	Masch.-u. Geräte-Kto. 2 196 —							
8	dgl. 3 274 —		235 —					
9	dgl. 186 —							
10	dgl. 4 317 —							
11				100 —				
12								18 643 —
13						3 986 —		
14								396 —
15								3 509 —
	9 973 —		235 —	496 —		22 681 50		22 548 —

…gen.

Gutsch…

Bank-Konto: an Bank gegeben (M / Pf)	Kasse-, Wechsel- und Scheck-Konto: Kasse, Wechsel und Schecks empfangen (M / Pf)	Einzel-Betrag (M / Pf)	Hauptbuch-Seite	Tag	Gesamt-Betrag (M / Pf)	Geschäftsvorfälle	Hauptbuch-Seite	Kasse-, Wechsel- und Scheck-Konto: Kasse, Wechsel und Schecks gegeben (M / Pf)	Bank-Konto: von Bank empfangen (M / Pf)	Akzepte-Konto: Akzepte gegeben (M / Pf)	Lieferanten-Konto: von Lieferanten empfangen (M / Pf)	Kunden-Konto: von Kunden empfangen (M / Pf)	Material-Konto: für Material berechnet (M / Pf)
25 000 —	28 160 —				53 556 —	Überträge		25 000 —			396		
			11	2		Material-Kto. d. Behrens & Sohn, Hamburg, Lief.-Kto. Leder laut Rechnung	3						
			11	4	18 643 —	Material-Kto. d. Kassa-Kto. Kasse f. Frachtsendung Behrens & Sohn	1				18 643 —		
			14	4	52 50	Masch.-u. Geräte-Kto. d. Bergmann Elektr.-Werke, Berlin, Lief.-Kto. 1 elektr. Kraftanlage	1	52 50					
				5	2 196	Masch.- u. Geräte-Kto. d. Friedr. Rob. Hyland, Hannover, Lief.-Kto.	4				2 196		
			14			Maschinen und Werkzeuge, Betriebsunkosten-Kto. d. denselben							
		3 274 —	13			Verbrauchsstoffe							
		235 —	14	7	3 509 —	Masch.- u. Geräte-Kto. d. Kassa-Kto. Kasse an Ingenieur H. Behrens für Aufstellen von Maschinen	1				3 509 —		
			14	7	186	Dasselbe d. Friedr. Rob. Hyland, Hannover, Lief.-Kto. Maschinen fertig aufgestellt	4	186					
			12	7	4 317	Allg. Unkosten-Kto. d. Kassa-Kto. Kasse f. die kleine Kasse	1				4 317 —		
			3	8	100	Behrens & Sohn, Hamburg, Lief.-Kto. d. Akzepte-Kto. Akzept fällig am 1. Oktober 1915	11	100					
		10 000 —				Dieselben d. Bank-Kto. Scheck No. 7501 auf die Gewerbebank	1			10 000 —			
		8 434 86				Dieselben d. Material-Kto. Abzug f. Minderlieferung M 36 —, 2 % Skonto auf M 8 607 = M 172.14	14		8 434 86				
		208 14			18 643 —								208 14
			11	8		Material-Kto. d. Friedr. Rob. Hyland, Hannover, Lief.-Kto. Beschläge laut Rechnung	5						
			2	9	3 986	W. Oldemeyer Nachf., Hannover, Lief.-Kto. d. Kassa-Kto. Kasse	1				3 986 —		
		388 08				Dieselben d. Allg. Unkosten-Kto. für 2 % Skonto auf M 396.—		388 08					
		7 92		9	396	Friedr. Rob. Hyland, Lief.-Kto. d. Kassa-Kto.	12						
		3 438 82				Derselbe d. Masch.- u. Geräte-Kto., 2 % Skonto auf M 3 274.—	1	3 438 82					
		65 48				Betriebsunkosten-Kto., 2 % Skonto auf M 235.—	14						
		4 70			3 509 —	"	13						
25 000	28 160 —				109 093 50	Überträge		29 165 40	8 434 86	10 000 —	33 047 —		208 14

3 **Be**

Geschäftsvorfall Nr.	Verschiedene: Inventar-Kto., Masch.- u. Geräte- „, Grundstücks- „, Hypotheken- „, Geschäftsanteil- „, Gewinnanteil- „, Rücklage- „, Betriebskapital- „, Gewinn- u. Verlust- „		Fertige Waren-Konto an Waren hergestellt		Betriebsunkosten-Konto für Betriebsunkosten gezahlt		Allgem. Unkosten-Konto für allgemeine Unkosten gezahlt		Löhne-Konto für Löhne gezahlt		Material-Konto an Material empfangen		Kunden-Konto an Kunden gegeben		Lieferanten-Konto an Lieferanten gegeben	
	M	Pf	M	Pf	M	Pf	M	Pf	M	Pf	M	Pf	M	Pf	M	Pf
	9 973	—			235	—	496	—			22 681	50			22 548	—
16															1 200	—
17															1 098	—
20	Grundstücks-Kto. 40 000	—														
	dgl. 1 134	—													10 000	—
															30 000	—
21									448	—						
					168	—										
22			1 860	—												
23			4 472	—												
24			1 480	—												
25															780	—
26															610	—
27											6 147	—				
28													5 680	—		
	51 107	—	7 812	—	403	—	496	—	448	—	28 828	50	5 680	—	66 236	—

…ungen. **Gutsch…**

…te-…o / …te …e	Bank-Konto: an Bank gegeben	Kasse-, Wechsel- und Scheck-Konto: Kasse, Wechsel und Schecks empfangen	Einzel-Beträge	Hauptbuch-Seite	Tag	Gesamt-Betrag	Geschäftsvorfälle	Hauptbuch-Seite	Kasse-, Wechsel- und Scheck-Konto: Kasse, Wechsel und Schecks gegeben	Bank-Konto: von Bank empfangen	Akzepte-Konto: Akzepte gegeben	Lieferanten-Konto: von Lieferanten empfangen	Kunden-Konto: von Kunden empfangen	Material-Konto: für Material berechnet
ℳ ₰	ℳ ₰	ℳ ₰	ℳ ₰			ℳ ₰			ℳ ₰	ℳ ₰	ℳ ₰	ℳ ₰	ℳ ₰	ℳ ₰
	25 000 —	28 160 —				109 093 50	Überträge		29 165 40	8 434 86	10 000 —	33 047 —		208 14
				2	10	1 200 —	W. Oldemeyer Nachf., Lief.-Kto. d. Bank-Kto. Zahlung			1 200 —				
				3	12	1 098 —	Bergmann Elektr.-Werke, Lief.-Kto. d. Bank-Kto. Scheck No. 7502 auf die Gewerbebank			1 098 —				
				15	15	40 000 —	Grundstücks-Kto. d. Aug. Müller das Haus Friedrichstr. 17	3				40 000 —		
						1 134 —	Dasselbe d. Kassa-Kto. für Unkosten	1	1 134 —					
				5		10 000 —	Aug. Müller d. Kassa-Kto. für Anzahlung	1	10 000 —					
				5		30 000 —	Derselbe d. Hypotheken-Kto. für übernommene Hypothek der Berliner Hypotheken-Bank							
				12	15	448 —	Löhne-Kto. d. Kassa-Kto., Kasse für Vorarbeiten	1	448 —					
				13		168 —	Betriebsunkosten-Kto. d. dass., Kasse für Beaufsichtigung	1	168 —					
				13	18		Fert. Waren-Kto. d. verschiedene 200 Patronentaschen							
			930 —				d. Material-Kto. Leder ℳ 4.10, Aufschl. f. Verschnitt 40 ₰, Beschlag 15 ₰, zus. Stück ℳ 4.65	11						930 —
			60 —				d. Löhne-Kto., Löhne f. Zuschnitt Stück ℳ —.30							
			60 —				„ Allg. Unkosten-Kto., für allgemeine Unkosten 100 % der Löhne							
			30 —				„ Betriebsunkosten- „ „ Betriebsunkosten 50 % „ „							
			780 —			1 860 —	„ Gust. Bähr, Lief.-Kto. für Anfertigung Stück					780 —		
				13	19		Fert. Waren-Kto. d. verschiedene							
			2 712 —				10 Paar Geschirre, Kalk.-Buch Seite 79	11 12 / 12 13						2 497 —
			1 760 —			4 472 —	d. Gust. Bähr, Lief.-Kto. f. Anfertigung Paar ℳ 176.—					1 760 —		
				13	21		Fert. Waren-Kto. d. verschiedene							
						1 480 —	100 Halfterzäume, Kalk.-Buch Seite 79	11 12 / 12 13				Fr. Warnecke 610 —		630 —
				5	22	780 —	Gust. Bähr, Lief.-Kto. d. Kassa-Kto. Kasse	1	780 —					
				6	25	610 —	Fr. Warnecke, Lief.-Kto. d. Bank-Kto. Ueberw. d. Gewerbebank an Vorschußbank	6		610 —				
				11	26	6 147 —	Material-Kto. d. Behrens & Sohn, Lief.-Kto. Leder laut Rechnung	3				6 147 —		
				9	26	5 680 —	Militärverw. in B., Kunden-Kto. d. Fert. Waren-Kto. 100 Patronentaschen Stück ℳ 9 80 ℳ 980.— ; 10 Paar Geschirre Paar ℳ 470.— „ 4 700.—	13						
	25 000 —	28 160 —				214 170 50	Überträge		41 695 40	11 342 86	10 000	82 344		4 265 14

4 **Be**

Geschäftsvorfall Nr.	Verschiedene: Inventar-Kto., Masch.- u. Geräte- „, Grundstücks- „, Hypotheken- „, Geschäftsanteil- „, Gewinnanteil- „, Rücklage- „, Betriebskapital- „, Gewinn- u. Verlust- „		Fertige Waren-Konto — an Waren hergestellt		Betriebsunkosten-Konto — für Betriebsunkosten gezahlt		Allgem. Unkosten-Konto — für allgemeine Unkosten gezahlt		Löhne-Konto — für Löhne gezahlt		Material-Konto — an Material empfangen		Kunden-Konto — an Kunden gegeben		Lieferanten-Konto — an Lieferanten gegeben	
	M	Pf	M	Pf	M	Pf	M	Pf	M	Pf	M	Pf	M	Pf	M	Pf
	51 107	—	7 812	—	403	—	496	—	448	—	28 828	50	5 680	—	66 236	—
29																
													1 550	—		
30																
			22	—												
31																
32																
															1 760	—
33																
							2	50								
34																
35									476	—						
					172	—										
							814	—								
36																
36							13	50								
37																
													1 218	—		
	51 107	—	7 834	—	575	—	1 326	—	924	—	28 828	50	8 448	—	67 996	—

ngen. Gutsch

Bank-Konto: an Bank gegeben ℳ	₰	Kasse-, Wechsel- und Scheck-Konto: Kasse, Wechsel und Schecks empfangen ℳ	₰	Einzel-Beträge ℳ	₰	Hauptbuch Seite	Tag	Gesamt-Betrag ℳ	₰	Geschäftsvorfälle	Hauptbuch Seite	Kasse-, Wechsel- und Scheck-Konto: Kasse, Wechsel und Schecks gegeben ℳ	₰	Bank-Konto: von Bank empfangen ℳ	₰	Akzepte-Konto: Akzepte gegeben ℳ	₰	Lieferanten-Konto: von Lieferanten empfangen ℳ	₰	Kunden-Konto: von Kunden empfangen ℳ	₰	Material-Konto: für Material berechnet ℳ	₰
25 000	—	28 160	—					214 170	50	Überträge		41 695	40	11 342	86	10 000	—	82 344	—			4 265	14
						10	27			Kaiser & Sohn, Berlin, Kunden-Kto. d. Fert. Waren-Kto.	13												
								1 550		100 Halfterzäume Stück ℳ 15.50													
						1	28			Bank-Kto. d. Militärverw. in B., Kunden-Kto.													
5 658	—			5 658	—					Überweisung d. Reichsbank an Gewerbebank													
						13				Fert. Waren-Kto. d. dieselbe													
				22	—			5 680		Abzug f. Mängel im Material										5 680	—		
						1	29			Kassa-Kto. d. Kaiser & Sohn, Kunden-Kto.	11												
		1 550	—					1 550		Wechsel Bremen ℳ 1 200.—, Scheck Berlin ℳ 350.—										1 550	—		
						6	29			Gust. Bähr, Lief.-Kto. d. Bank-Kto.	1												
				1 715	—					Scheck No. 7503 auf Gewerbebank				1 715	—								
				30	—					Gust. Bähr, Lief.-Kto. d. Löhne-Kto. für Nacharbeiten													
				15	—			1 760		Ders. Betriebsunkosten-Kto. " "													
						1	30			Bank-Kto. d. Kassa-Kto.	1												
										Wechsel Nr. 1 auf Bremen ℳ 1 200.—													
1 550	—							1 550		Scheck " 2 " Berlin " 350.—		1 550											
						12	30			Allg. Unkosten-Kto. d. Bank-Kto.	1												
								2	50	Einzugsspesen auf Wechsel und Scheck				2	50								
						1	30			Kassa d. Bank-Kto.	1												
		3 000	—					3 000		Kasse				3 000	—								
						12	31	476		Löhne-Kto. d. Kassa-Kto., Kasse für Vorarbeiten	1	476	—										
						13	31	172		Betriebsunkosten-Kto. d. Kass., Kasse für Aufsicht	1	172	—										
						12	31			Allg. Unkosten- " " " Gehälter ℳ 625.—, Kassenbeitr. ℳ 50.—, " Licht und Feuerung ℳ 18.—, Steuern ℳ 75.—, Elektr. Strom ℳ 46.—													
								814	—		1	814	—										
						1	31			Kassa-Kto. d. Bank-Kto.	1												
		1 200	—					1 200		Wechsel auf Bremen mit Protest				1 200	—								
						12	31			Allg. Unkosten-Kto. d. Bank-Kto.	1												
								13	50	Protest- und sonstige Kosten				13	50								
				1 200	—	10	31			Kaiser & Sohn, Lief.-Kto. d. Kassa-Kto., Wechsel No. 3 m. Protest		1 200	—										
										d. Allg. Unkosten-Kto., Protestkosten ℳ 13.50													
				18	—			1 218	—	eig. Prov. u. Porto " 4.50													
32 208	—	33 910	—					233 156	50			45 907	40	17 273	86	10 000	—	82 344	—	7 230	—	4 265	14

5 **Bela**

Geschäftsvorfall Nr.	Verschiedene: Inventar-Kto., Masch- u. Geräte- „, Grundstücks- „, Hypotheken- „, Geschäftsanteil- „, Gewinnanteil- „, Rücklage- „, Betriebskapital- „, Gewinn- u. Verlust- „ M	Pf	Fertige Waren-Konto an Waren hergestellt M	Pf	Betriebsunkosten-Konto für Betriebsunkosten gezahlt M	Pf	Allgem. Unkosten-Konto für allgemeine Unkosten gezahlt M	Pf	Löhne-Konto für Löhne gezahlt M	Pf	Material-Konto an Material empfangen M	Pf	Kunden-Konto an Kunden gegeben M	Pf	Lieferanten-Konto an Lieferanten gegeben M	Pf
													Kassenbestand am 1.			
38											48 754	—				
39											146	—				
40															950	—
41															47 804	—
42			3 720	—												
43									466	—						
					170	—										
44			17 888	—												
45			7 400	—												
46							100	—								
47													22 720	—		
48													7 750	—		
49			180	—												
50															180	—
			29 188	—	170	—	100	—	466	—	48 900	—	30 470	—	48 934	—

…ngen. Gutsc…

Bank-Konto: an Bank gegeben	Kasse-, Wechsel- und Scheck-Konto: Kasse, Wechsel und Schecks empfangen	Einzel-Beträge	Hauptbuch Seite	Tag	Gesamt-Betrag	Hauptbuch Seite	Geschäftsvorfälle	Kasse-, Wechsel- und Scheck-Konto: Kasse, Wechsel und Schecks gegeben	Bank-Konto: von Bank empfangen	Akzepte-Konto: Akzepte gegeben	Lieferanten-Konto: von Lieferanten empfangen	Kunden-Konto: von Kunden empfangen	Material-Konto: für Material berechnet
M ₰	M ₰	M ₰			M ₰			M ₰	M ₰	M ₰	M ₰	M ₰	M ₰
1915 (rot)	10 042 60												
							Monat August 1915.						
			11	1	48 754 —	7	Material-Kto. d. Behrens & Sohn, Hamburg, Lief.-Kto. Leder laut Rechnung				48 754 —		
			11	2	146 —	1	Material-Kto. d. Kassa-Kto. Kasse f. Frachtsendung Behrens & Sohn	146 —					
			7	3	950 —	11	Behrens & Sohn, Lief.-Kto. d. Material-Kto. Leder zurück M 946.—, verauslagte Fracht „ 4.—						950 —
		45 000 —	7	5	47 804 —	11	Dieselben d. Akzept-Kto., Akzept per 1. November 1915			45 000 —			
		2 747 92	1				„ „ Bank-Kto., Überweisung auf Reichsbank		2 747 92				
		56 08	11				„ „ Material-Kto. 2 % Skonto auf M 2 804.—						56 08
			13	6	3 720 —	11.12 12 13	Fert. Waren-Kto. d. verschiedene 400 Patronentaschen, Kalk.-Buch Seite 79				Fr. Warnecke 1 560 —		1 860 —
			12	7	466 —	1	Löhne-Kto. d. Kassa-Kto., Kasse f. Vorarbeiten	466 —					
			13	7	170 —	1	Betriebsunkosten-Kto. d. Kassa-Kto., Kasse f. Aufsicht	170 —					
			13	8	17 888 —	11.12 12 13	Fert. Waren-Kto. d. verschiedene 40 Paar Geschirre, Kalk.-Buch Seite 79				Gust. Walter 7 040 —		9 988 —
			13	11	7 400 —		Fert. Waren-Kto. d. verschiedene 500 Halfterzäume, Kalk.-Buch Seite 79				Gust. Walter 3 050 —		3 150 —
			12	12	100 —	1	Allg. Unkosten-Kto. d. Kassa-Kto., Kasse f. Kleine Kasse	100 —					
			9	13	22 720 —	13	Militärverw. in B., Kunden-Kto. d. Fert. Waren-Kto. 400 Patronentaschen Stück M 9 80 M 3 920 —; 40 Paar Geschirre Paar „ 470.— „ 18 800 —						
			10	13	7 750 —	13	Kaiser & Sohn, Kunden-Kto. d. Fert. Waren-Kto. 500 Halfterzäume Stück M 15.50						
22 540 —		22 540 —	1	18	22 720 —	9	Bank-Kto. d. Militärverw. in B., Kunden-Kto. Überweisung d. Reichsbank					22 720 —	
		180 —	13				Fert. Waren-Kto. d. dies., Abzug auf Patronentaschen						
			7	18	180 —	13	Friedr. Warnecke, Lief.-Kto. d. Fert. Waren-Kto. Abzug auf Patronentaschen						
22 540 —					180 768 —		Überträge	882 —	2 747 92	45 000 —	60 404 —	22 720 —	16 004 08

6 **Bela**

Geschäftsvorfall Nr.	Verschiedene: Inventar-Kto., Masch.- u. Geräte- „, Grundstücks- „, Hypotheken- „, Geschäftsanteil- „, Gewinnanteil- „, Rücklage- „, Betriebskapital- „, Gewinn- u. Verlust- „ (M Pf)	Fertige Waren-Konto: an Waren hergestellt (M Pf)	Betriebsunkosten-Konto: für Betriebsunkosten gezahlt (M Pf)	Allgem. Unkosten-Konto: für allgemeine Unkosten gezahlt (M Pf)	Löhne-Konto: für Löhne gezahlt (M Pf)	Material-Konto: an Material empfangen (M Pf)	Kunden-Konto: an Kunden gegeben (M Pf)	Lieferanten-Konto: an Lieferanten gegeben (M Pf)
51		29 188 —	170 —	100 —	466 —	48 900 —	30 470 —	48 934 —
52								
54								
55						1 520 —		
56						214 —		
57		22 360 —						
58		2 900 —						
59							18 800 —	
60							1 860 —	
61								
62	Grundstücks-Kto. 305 —							
63								
64				255 —				
65								
66					990 —			
67			70 70					
68				201 68 166 67				
	305 —	51 448 —	240 70	723 35	1 456 —	50 634 —	51 130 —	48 934 —

…gen. Gutsch…

Bank-Konto an Bank gegeben M	Pf	Kasse-, Wechsel- und Scheck-Konto: Kasse, Wechsel und Schecks empfangen M	Pf	Hauptbuch Seite	Tag	Gesamt-Betrag M	Pf	Geschäftsvorfälle	Hauptbuch Seite	Kasse-, Wechsel- und Scheck-Konto: Kasse, Wechsel und Schecks gegeben M	Pf	Bank-Konto: von Bank empfangen M	Pf	Akzepte-Konto: Akzepte gegeben M	Pf	Lieferanten-Konto: von Lieferanten empfangen M	Pf	Kunden-Konto: von Kunden empfangen M	Pf	Material-Konto: für Material berechnet M	Pf
22 540	—					180 768	—	Überträge		882	—	2 747	92	45 000	—	60 404		22 720	—	16 004	08
				1	21			Kassa-Kto. d. Geschäftsanteil-Kto.													
		1 000	—					Kasse f. zweiten Geschäftsanteil Hans Müller	16												
				1	21	1 000		Bank-Kto. d. Kaiser & Sohn, Kunden-Kto.													
6 000	—							Überweisung d. Reichsbank	11												
				11	21	6 000		Material-Kto. d. Behrens & Sohn, Lief.-Kto.										6 000	—		
								Segeltuch laut Rechnung	9												
				11	21	1 520		Material-Kto. d. Friedr. Rob. Hyland, Lief.-Kto.								1 520	—				
								Beschläge laut Rechnung	5												
				13	22	214		Fert. Waren-Kto. d. verschiedene								214	—				
								50 Paar Geschirre, Kalk.-Buch Seite 79								Gust. Bähr					
				13	23	22 360		Fert. Waren-Kto. d. verschiedene								8 800	—			12 485	—
								500 Ruckfäcke Kalk.-Buch Seite 79								Fr. Warnecke					
				9	24	2 900		Militärverw. in B., Kunden-Kto. d. Fert. Waren-Kto.	11							600	—			2 000	—
								40 Paar Geschirre Paar M 470,—	13												
				10	24	18 800	—	J. Mertens & Sohn, Hamm, Kunden-Kto. d. Fert. Waren-Kto.	13												
								300 Ruckfäcke Stück M 6,20													
				1	26	1 860		Bank-Kto. d. J. Mertens & Sohn, Kunden-Kto.													
1 600	—							Überweisung an Gewerbebank	10												
				1	26	1 600		Bank-Kto. d. Militärverw. in B., Kunden-Kto.										1 600	—		
15 000	—							Überweisung an Gewerbebank	9												
				15	27	15 000		Grundstücks-Kto. d. Kassa-Kto.										15 000	—		
								Kasse f. Zinsen, Steuern, Unkosten		305	—										
				12	27	305		Allg. Unkosten-Kto. d. Grundstücks-Kto.	15												
								Entschädigung f. Benutzung des Grundstücks													
				1	30	255		Bank-Kto. d. Gewinn- u. Verlust-Kto.													
142	70							Zinsen auf Guthaben bei der Gewerbebank	10												
				12	30	142	70	Löhne-Kto. d. Kasse-Kto.													
								Kasse für Vorarbeiten von Material	1	990	—										
				13	30	990		Betriebs-Unkosten-Kto. d. Kasse-Kto													
								Kasse für Aufsicht und Nebenarbeiten	1												
				12	30	70	70	Allg. Unkosten-Kto. d. Kassa-Kto.		70	70										
								Kasse f. Kassenbeiträge M 52,—, Steuern M 75,—, Licht u. Feuerung M 27,68, Elektr. Strom M 47,—													
				12	31	201	68	Allg. Unkosten-Kto. d. Gust. Bähr, Betriebskapital-Kto.		201	68										
						166	67	Zinsen auf M 20 000,—, 2 Mt. 5 % jährl.	17												
45 282	70	1 000	—			254 153	75	Überträge		2 449	38	2 747	92	45 000	—	71 538	—	45 320	—	30 489	08

7 **Be a**

Geschäftsvorfall Nr.	Verschiedene: Inventar-Kto., Masch.- u. Geräte-„, Grundstücks-„, Hypotheken-„, Geschäftsanteil-„, Gewinnanteil-„, Rücklage-„, Betriebskapital-„, Gewinn- u. Verlust-„ M	Pf	Fertige Waren-Konto – an Waren hergestellt M	Pf	Betriebsunkosten-Konto – für Betriebsunkosten gezahlt M	Pf	Allgem. Unkosten-Konto – für allgemeine Unkosten gezahlt M	Pf	Löhne-Konto – für Löhne gezahlt M	Pf	Material-Konto – an Material empfangen M	Pf	Kunden-Konto – an Kunden gegeben M	Pf	Lieferanten-Konto – an Lieferanten gegeben M	Pf
	305	—	54 448	—	240	70	723	35	1 456	—	50 634	—	51 130	—	48 934	—
69							166	67								
70			18	—												
71							19	90								
72			48	—												
73	Gew.- u. Verl.-Kto. 24	—														
74	dgl. 257	28														
75	dgl. 68	55														
76	dgl. 44	—														
77	dgl. 260	—														
78			2 773	90												
79																
80	Betriebskapital-Kto. 166	67														
	1 125	50	57 287	90	240	70	909	92	1 456	—	50 634	—	51 130	—	48 934	—
81	Gew.- u Verl.-Kto. 220	—														
82	dgl. 2 042	70														
83	Gewinnanteil-Kto. 20	—														

…ungen. Gutsch…

Bank-Konto: an Bank gegeben ℳ	₰	Kasse-, Wechsel- und Scheck-Konto: Kasse, Wechsel und Schecks empfangen ℳ	₰	Hauptbuch Seite		Gesamt-Betrag ℳ	₰	Geschäftsvorfälle	Kasse-, Wechsel- und Scheck-Konto: Kasse, Wechsel und Schecks gegeben ℳ	₰	Bank-Konto: von Bank empfangen ℳ	₰	Akzepte-Konto: Akzepte gegeben ℳ	₰	Lieferanten-Konto: von Lieferanten empfangen ℳ	₰	Kunden-Konto: von Kunden empfangen ℳ	₰	Material-Konto: für Material berechnet ℳ	₰
45 282	70	1 000	—			254 1[illegible]	[illegible]	Überträge	2 449	38	2 747	92	45 000	—	71 538	—	45 320	—	30 489	08
				12	31	166	67	Allg. Unkosten-Kto. d. Fr. Warnecke, Betriebskapital-Kto. Zinsen auf ℳ 20 000,—, 2 Mt. 5 % jährl.												
				13	31	18	—	Fert. Waren-Kto. d. Material-Kto. für fehlendes Material											18	—
				12	31	19	40	Allg. Unkosten-Kto. d. Fert. Waren-Kto. für letzterem zuviel berechnete allgemeine Unkosten												
				13	31	48	—	Fert. Waren-Kto. d. Betriebsunkosten-Kto. für letzterem zu wenig berechnete Betriebsunkosten												
				19	31	144	—	Gewinn- u. Verlust-Kto. d. Inventar-Kto. für Abschreibung auf Inventar												
				19	31	257	28	Daselbe d. Masch.- u. Geräte-Kto. für Abschreibung auf Maschinen ℳ 141,64, „ „ Geräte „ 115,64												
				19	31	165	68	Daselbe d. Grundstücks-Kto. für Abschreibung auf Grundstück												
				19	31	44	—	Daselbe d. Material-Kto. für Abschreibung auf Material											44	—
				19	31	260	—	Daselbe d. J. Mertens & Sohn, Kunden-Kto. für Abschreibung auf Forderung									260	—		
				13	31	2 773	12	Fert. Waren-Kto. d. Gewinn- u. Verlust-Kto. für Gewinn auf Waren												
		50	—	1	31	50	—	Kassa-Kto. d. Grundstücks-Kto. Kasse für eingenommene Miete												
				19	31	166	67	Fr. Warnecke, Betriebskapital-Kto. d. Kassa-Kto. Kasse f. Zinsen auf ℳ 20 000,— 2 Mt. 5 % jährl.												
45 282	70	1 050	—			258 050	74		2 616	05	2 747	92	45 000	—	71 538	—	45 580	—	30 551	08
								Monat September 1915.												
				19	16	220	—	Gewinn- u. Verlust-Kto. d. Gewinnanteil-Kto. 2 % Gewinnanteil auf ℳ 11 000,— Geschäftsanteilguthaben												
				19	16	2 042	[illegible]	Daselbe d. Rücklage-Kto. Überweisung vom Reingewinn												
				16	17	20	—	Gewinnanteil-Kto. d. Kasse-Kto. Kasse an Gust. Bätz	20	—										

Monats-Zu…

Belastungen.

Verschiedene M	Pf	Fert. Waren-Konto M	Pf	Betriebsunkosten-Konto M	Pf	Allg. Unkosten-Konto M	Pf	Löhne-Konto M	Pf	Material-Konto M	Pf	Kunden-Konto M	Pf
1 200	—												
51 107	—	7 834	—	575	—	1 326	—	924	—	28 828	50	8 448	—
52 307	—	7 834	—	575	—	1 326	—	924	—	28 828	50	8 448	—
1 125	50	57 287	90	240	70	909	92	1 456	—	50 634	—	51 130	—
53 432	50	65 121	90	815	70	2 235	92	2 380	—	79 462	50	59 578	—
		58 559	90	697	70	1 830	92	1 935	—	34 816	22	52 810	—
		6 562	—	118	—	405	—	445	—	44 646	28	6 768	—

[Fortsetzung der oberen Hälfte; die Mittelspalte 1914/15 ist deswegen wiederholt worden.]

1914/15	Kasse-, Wechsel- u. Scheck-Konto M	Pf	Bank-Konto M	Pf	Akzepte-Konto M	Pf	Lieferan… Kont… M
Monat Juni							1 20…
„ Juli	45 907	40	17 273	86	10 000	—	82 34…
zusammen	45 907	40	17 273	86	10 000	—	83 54…
Monat August	2 616	05	2 747	92	45 000	—	71 53…
zusammen	48 523	45	20 021	78	55 000	—	155 08…
Gutschriften — abzüglich — Belastungen							116 93…
verbleiben als Bestände					55 000	—	38 15…

Die bilanzmäßigen Bestände werden aus den Monats-
Konten der kleinere Gesamtbetrag von dem größeren Gesamtb…

Beispiel: Auf Kasse-, Wechsel- und Scheck-Konto be…
der Gesamtbetrag der Belastungen
„ „ „ Gutschriften

Die sich alsdann ergebenden Bestände müssen mit den
übereinstimmen.

Der Bestand auf dem Konto: „Verschiedene" ergibt si…
Einzelkonten (Hypotheken-, Geschäftsanteil-, Rücklage-, Betrieb…

...tlerlieferungsgenossenschaft.

...nenstellungen.

1914/15

...anten-Konto M	Pf	Akzepte-Konto M	Pf	Bank-Konto M	Pf	Kasse-, Wechsel- u. Scheck-Konto M	Pf	
						22 040	—	Monat Juni
...996	—			32 208	—	33 910	—	" Juli
...996	—			32 208	—	55 950	—	zusammen
...934	—			45 282	70	1 050	—	Monat August
...930	—			77 490	70	57 000	—	zusammen
				20 021	78	48 523	45	Gutschriften — abzüglich — Belastungen
				57 468	92	8 476	55	verbleiben als Bestände

Kunden-Konto M	Pf	Material-Konto M	Pf	Löhne-Konto M	Pf	Allg. Unkosten-Konto M	Pf	Betriebsunkosten-Konto M	Pf	Fert. Waren-Konto M	Pf	Verschiedene M	Pf
												22 040	—
7 230	—	4 265	14	290	—	275	92	114	70	7 230	—	58 225	48
7 230	—	4 265	14	290	—	275	92	114	70	7 230	—	80 265	48
45 580	—	30 551	08	1 645	—	1 555	—	583	—	51 329	90	4 904	79
52 810	—	34 816	22	1 935	—	1 830	92	697	70	58 559	90	85 170	27
												53 432	50
												31 737	75

...enstellungen in der Weise ermittelt, daß auf den einzelnen ...gezogen wird; der Ueberschuß ergibt den Bestand.

...nde August

...en . . . . M 57 000.—,

... . " 48 523.45,

...t ein Bestand von M 8 476.55.

...Bilanz enthaltenen, aus dem Hauptbuche ermittelten Beständen

...en Abschlüssen der auf diesem Sammelkonto untergebrachten ..., bezw. Inventar-, Maschinen-, (Grundstücks-Konto).

Hauptbuch.

1 **Belastungen.** Kasse-, Wechsel- und Scheck-Konto.

1915			T.B.	M	Pf	1915		
Juni	30	Eingänge	1	22 040	—	Juli	31	Ausgänge . .
Juli	31	"	5	33 910	—	Aug.	31	" . .
Aug.	31	"		1 050	—	"	31	Bestand-Ausgle...
				57 000	—			
Sept.	1	Bestand-Vortrag		8 476	55			

Bank-Konto Gewerbebank.

Juli	31	Belastungen	5	32 208	—	Juli	31	Gutschriften .
Aug.	31	"	8	45 282	70	Aug.	31	" .
				77 490	70	"	31	Schuld-Ausglei...
Sept.	1	Schuld-Vortrag		57 468	92			

W. Oldemeyer Nachf., Hannover, Lief.-Kon...

Gutschriften.

Juli	9	Kasse und Skonto	2	396	—	Juni	30	Büro-Inventar
"	10	Zahlung durch Gewerbebank	2	1 200	—	Juli	1	Geschäftsbücher
				1 596	—			

2 **Belastungen.** Behrens & Sohn, Hamburg, Lief.-Konto. **Gutschriften.** 2

1915			T.B.	M	₰	1915			T.B.	M	₰
Juli	8	Zahlung und Abzüge	2	18 643	—	Juli	2	Leder	2	18 643	—
Aug.	3	Leder zurück	5	950	—	„	26	„	3	6 147	—
„	5	Akzept, Ueberweisung und Skonto	5	47 804	—	Aug.	1	Guthaben-Vortrag	5	48 754	—
„	31	Guthaben-Ausgleich		7 667	—	„	20	Segeltuch	6	1 520	—
				75 064	—					75 064	—
						Sept.	1	Guthaben-Vortrag		7 667	—

Bergmann, Elektr.-Werke, Berlin, Lief.-Konto.

			T.B.	M	₰				T.B.	M	₰
Juli	19	Scheck Nr. 7502	2	1 098	—	Juli	4	Elektr. Kraftanlage	2	2 196	—
Aug.	31	Guthaben-Ausgleich		1 098	—						
				2 196	—					2 196	—
						Sept.	1	Guthaben-Vortrag		1 098	—

Friedr. Rob. Hyland, Hannover, Lief.-Konto.

			T.B.	M	₰				T.B.	M	₰
Juli	9	Kasse und Skonto	2	3 509	—	Juli	5	Maschinen usw.	2	3 509	—
Aug.	31	Guthaben-Ausgleich		8 517	—	„	7	„ „	2	4 317	—
						„	8	Beschläge	2	3 986	—
						Aug.	21	„	6	214	—
				12 026	—					12 026	—
						Sept.	1	Guthaben-Vortrag		8 517	—

3 **Belastungen.** Aug. Müller, B., Lief.-Konto. **Gutschriften.** 3

			T.B.	ℳ	₰				T.B.	ℳ	₰
1915 Juli	15	Kasse	3	10 000	—	1915 Juli	15	Haus Friedrichstr. 17	3	40 000	—
"	15	Uebernommene Hypothek	3	30 000	—						
				40 000	—					40 000	—

Gust. Bähr, B., Lief.-Konto.

			T.B.	ℳ	₰				T.B.	ℳ	₰
Juli	22	Kasse	3	780	—	Juli	18	Patronentaschen angefertigt	3	780	—
"	30	Scheck und Abzüge	4	1 760	—	"	19	Geschirre angefertigt	3	1 760	—
Aug.	31	Guthaben-Ausgleich		8 800	—	Aug.	22	" "	6	8 800	—
				11 340	—					11 340	—
						Sept.	1	Guthaben-Vortrag		8 800	—

Fr. Warnecke, B., Lief.-Konto.

			T.B.	ℳ	₰				T.B.	ℳ	₰
Juli	15	Ueberw. d. Gewerbebank an Vorschußbank	3	610	—	Juli	19	Halfterzäume angefertigt	3	610	—
Aug.	18	Abzug	5	180	—	Aug.	6	Patronentaschen "	5	1 560	—
"	31	Guthaben-Ausgleich		1 980	—	"		Rucksäcke "	7	600	—
				2 770	—					2 770	—
						Sept.	1	Guthaben-Vortrag		1 980	—

4 **Belastungen.** **Gutschriften.** 4

Gust. Walter, B., Lief.-Konto.

			T.B.	*M*	*Pf*				T.B.	*M*	*Pf*
1915 Aug.	31	Guthaben-Ausgleich		10 090	—	1915 Aug.	8	Geschirre angefertigt	5	7 040	—
						„	11	Halfterzäume angefertigt	6	3 050	—
				10 090	—					10 090	—
						Sept.	1	Guthaben-Vortrag		10 090	—

Militärverwaltung, B., Kunden-Konto.

			T.B.	*M*	*Pf*				T.B.	*M*	*Pf*
Juli	26	Waren	4	5 680	—	Juli	30	Ueberweisung auf Bank-Konto und Abzug	4	5 680	—
Aug.	13	„	6	22 720	—	Aug.	18	„ „ „ „ „	6	22 720	—
„	24	„	7	18 800	—	„	26	„ „ „ „ „	7	15 000	—
						„	31	Schuld-Ausgleich		3 800	—
				47 200	—					47 200	—
Sept.	1	Schuld-Vortrag		3 800	—						

Kaiser & Sohn, Berlin, Kunden-Konto.

			T.B.	*M*	*Pf*				T.B.	*M*	*Pf*
Juli	27	Waren	4	1 550	—	Juli	30	Zahlung	4	1 550	—
„	31	Wechsel Nr 3 mit Protest	5	1 218	—	Aug.	21	Ueberweisung auf Bank-Konto	6	6 000	—
Aug.	13	Waren	6	7 750	—	„	31	Schuld-Ausgleich		2 968	—
				10 518	—					10 518	—
Sept.	1	Schuld-Vortrag		2 968							

5 **Belastungen.** J. Merters & Sohn, Frankfurt a. M., Kunden-Konto. **Gutschriften.** 5

1915			T.B.	ℳ	₰	1915			T.B.	ℳ	₰
Aug.	24	Waren	7	1 860	—	Aug.	26	Ueberweisung auf Bank-Konto	7	1 600	—
						"	31	Verlust-Uebertr. auf Gew.- u. Verlust-Kto.		260	—
				1 860	—					1 860	—

Akzepte-Konto.

			T.B.	ℳ	₰				T.B.	ℳ	₰
Aug.	31	Guthaben-Ausgleich		55 000	—	Juli	8	Akzept a. Behrens & Sohn, Hambg., gegeben	2	10 000	—
						Aug.	5	" an dies. gegeben	5	45 000	—
				55 000	—					55 000	—
						Sept.	1	Guthaben-Vortrag		55 000	—

Material-Konto.

			T.B.	ℳ	₰				T.B.	ℳ	₰
Juli	31	Material empfangen	5	28 828	50	Juli	31	Material verrechnet	5	4 265	14
"	31	" "	8	50 634	—	Aug.	31	" "	8	30 551	08
						"	31	Bestand-Ausgleich		44 646	28
				79 462	50					79 462	50
Sept.	1	Bestand-Vortrag		44 646	28						

6 **Belastungen.** Löhne-Konto. **Gutschriften.** 6

1915			T.B.	ℳ	₰	1915			T.B.	ℳ	₰
Juli	31	Verausgabte Löhne	5	924	—	Juli	31	Verrechnete Löhne	5	290	—
Aug.	31	„ „	8	1 456	—	Aug.	31	„ „	8	1 645	—
						„	31	Bestand-Ausgleich: nicht verrechn. Löhne		445	—
				2 380	—					2 380	—
Sept.	1	Bestand Vortrag		445	—						

Allg. Unkosten-Konto.

			T.B.	ℳ	₰				T.B.	ℳ	₰
Juli	31	Verausgabte Allg. Unkosten	5	1 326	—	Juli	31	Verrechnete Allg. Unkosten	5	275	92
Aug.	31	„ „ „	8	909	92	Aug.	31	„ „ „	8	1 555	—
						„	31	Bestand-Ausgleich: nicht verrechn. Unkosten		405	—
				2 235	92					2 235	92
Sept.	1	Bestand-Vortrag		405	—						

Betriebsunkosten-Konto.

			T.B.	ℳ	₰				T.B.	ℳ	₰
Juli	31	Verausgabte Betriebsunkosten	5	575	—	Juli	31	Verrechnete Betriebsunkosten	5	114	70
Aug.	31	„ „	8	240	70	Aug.	31	„ „	8	583	—
						„	31	Bestand-Ausgl.: nicht verrechn. Betr.-Unk.		118	—
				815	70					815	70
Sept.	1	Bestand-Vortrag		118	—						

7 **Belastungen.** Fert. Waren-Konto. **Gutschriften.** 7

1915			T.B.	ℳ	₰	1915			T.B.	ℳ	₰
Juli	31	Fert. Waren empfangen	5	7 834	—	Juli	31	Fert. Waren berechnet	5	7 230	—
Aug.	31	" " "	3	57 287	92	Aug.	31	" " "	8	51 329	92
						"	31	Bestand-Ausgleich		6 562	—
				65 121	—					65 121	92
Sept.	1	Bestand-Vortrag		6 562	—						

Inventar-Konto.

			T.B.	ℳ	₰				T.B.	ℳ	₰
Juni	30	Büro-Inventar	1	1 200	—	Aug.	31	Abschreibung	8	24	—
						"	31	Bestand		1 176	—
				1 200	—					1 200	—
Sept.	1	Bestand-Vortrag		1 176	—						

Maschinen- und Geräte-Konto.

			T.B.	ℳ	₰				T.B.	ℳ	₰
Juli	4	Elektr. Kraftanlage	2	2 195	—	Juli	9	Skonto von Friedr. Rob. Hyland	2	65	48
"	5	Maschinen und Geräte	2	3 274	—	Aug.	31	Abschreibung	8	257	28
"	7	Kasse für Aufstellung	2	186	—	"	31	Bestand		9 650	24
"	7	Maschinen und Geräte	2	4 317	—						
				9 973	—					9 973	—
Sept.	1	Bestand-Vortrag		9 650	24						

8 Belastungen. Grundstücks-Konto. Gutschriften. 8

Belastungen.

1915			T.B.	M	₰
Juli	15	Grundstück Friedrichstr. 17	3	40 000	—
„	15	Kasse für Unkosten	3	1 134	—
Aug.	27	desgl.	7	305	—
				41 439	—
Sept.	1	Bestand-Vortrag		41 065	45

Gutschriften.

1915			T.B.	M	₰
Aug.	31	Miete	8	50	—
„	27	Vergütung für Benutzung	7	255	—
„	31	Abschreibung	8	68	55
„		Bestand		41 065	45
				41 439	—

Hypotheken-Konto.

Belastungen.

			T.B.	M	₰
Aug.	31	Guthaben-Ausgleich		30 000	—
				30 000	—

Gutschriften.

			T.B.	M	₰
Juli	15	Uebernommene Hypothek	3	30 000	—
				30 000	—
Sept.	1	Guthaben-Vortrag		30 000	

Geschäftsanteil-Konto.

Belastungen.

			T.B.	M	₰
Aug.	31	Guthaben-Ausgleich		11 000	—
				11 000	—

Gutschriften.

			T.B.	M	₰
Juni	30	Kasse d. Heinr. Dreyer f. 1 Geschäftsant.	1	1 000	—
„	30	„ „ Gust. Walter „ 1 „	1	1 000	—
Juli	1	„ „ Gust. Bähr, Hans Müller, Fr. Warnecke, Wilh. Meyer, Aug. Hahn, Georg Winter, Carl Heine, Fr. Schulze, je M 1000,— für 1 Geschäftsanteil	1	8 000	—
Aug.	21	Kasse d. Hans Müller für 1 Geschäftsant.	6	1 000	—
				11 000	—
Sept.	1	Guthaben-Vortrag		11 000	

9 **Belastungen.** | **Gutschriften.** 9

Gewinnanteil-Konto.

Belastungen.

			T.B.	M	₰
1915 Sept.	17	Kasse an Gust. Bähr		20	—

Gutschriften.

			T.B.	M	₰
1915 Sept.	16	Uebertrag vom Gewinn- u. Verlust-Konto		220	—

Rücklage-Konto.

Belastungen.

			T.B.	M	₰
Aug.	31	Guthaben-Ausgleich		200	—
				200	—

Gutschriften.

			T.B.	M	₰
Juni	30	Kasse, Eintrittsgeld H. Dreyer	1	20	—
"	30	" " Gust. Walter	1	20	—
Juli	1	" " Gust. Bähr, Hans Müller, Fr. Warnecke, Wilh. Meyer, Aug. Hahn, Georg Winter, Carl Heine, Franz Schulze je M 20.—	1	160	—
				200	—
Sept.	1	Guthaben-Vortrag		200	—
"	15	Uebertrag vom Gewinn- u. Verlust-Konto		2 042	70

Betriebskapital-Konto Gust. Bähr,

Belastungen.

			T.B.	M	₰
Aug.	31	Guthaben-Ausgleich		20 163	67
				20 163	67

Gutschriften.

			T.B.	M	₰
Juni	30	Kasse	1	20 000	—
Aug.	31	Zinsen	7	166	67
				20 166	67
Sept.	1	Guthaben-Vortrag		20 166	67

10 **Belastungen.** Fr. Warnecke, Betriebskapital-Konto. **Gutschriften.** 10

			T.B.	M	₰				T.B.	M	₰
1915 Aug.	31	Kasse	8	166	67	1915 Juli	1	Kasse	1	20 000	—
„	31	Guthaben-Ausgleich		20 000	—	Aug.	31	Zinsen	7	166	67
				20 166	67					20 166	67
						Sept.	1	Guthaben-Vortrag		20 000	—

Gewinn- und Verlust-Konto.

			T.B.	M	₰				T.B.	M	₰
Aug.	31	Abschreibung auf Inventar	8	24	—	Aug.	30	Zinsen auf Bank-Konto	7	142	70
„	31	„ „ Maschinen und Geräte	8	257	28	„	31	Gewinn-Uebertrag Fert. Waren-Konto	8	2 773	90
„	31	„ „ Grundstück	8	68	55						
„	31	„ „ Material	8	44	—						
„	31	„ „ J. Mertens & Sohn	8	260	—						
„	31	Reingewinn	8	2 262	77						
				2 916	60					2 916	60
Sept.	16	Uebertrag auf Gewinnanteil-Konto		220	—	Sept.	1	Reingewinn		2 262	77
„	16	„ „ Rücklage-Konto		2 042	77						

Selbstkostenrechnung.

Eine unerläßliche Vorbedingung für die gesunde Entwickelung eines jeden gewerblichen oder Handelsunternehmens ist die sorgfältige, nach fachmännischen Grundsätzen auszuführende Selbstkostenberechnung der hergestellten bzw. zu verkaufenden Waren. Zahlreiche Unternehmungen sind zugrunde gegangen und gehen noch fortdauernd zugrunde an dem Mangel einer guten Buchführung und an der Unterlassung richtiger Berechnung der Selbstkosten. Es genügt nicht, den Einkaufspreis der verbrauchten Rohstoffe festzustellen und die für die Anfertigung gezahlten Löhne hinzuzurechnen. Schon bei Berechnung der Selbstkosten der Rohstoffe ist zu beachten, daß ein gewisser Prozentsatz für Verschnitt, Gewichtsverlust durch Eintrocknen usw., Zinsverlust bei Vorräten für längere Zeiträume angerechnet werden muß. Von wesentlichstem Einfluß auf eine zutreffende Feststellung der Selbstkostenpreise ist es bei jeder Berechnung, den der Wirklichkeit entsprechenden Anteil an den Unkosten zu ermitteln. Zu diesem Zwecke sind schon in der Buchführung bei jedem größeren Betriebe die Unkosten zu trennen in allgemeine Unkosten und Betriebsunkosten; vergl. Allgemeine Unkosten und Betriebsunkosten Seite 15. Die Verteilung dieser Unkosten auf die fertigen Waren geschieht am zweckmäßigsten nach Verhältnis zu den gezahlten Löhnen. Man wird allerdings auf die verschiedenen Waren nicht gleichmäßig verteilen dürfen, sondern es müssen verschiedene Prozentsätze festgelegt werden, und zwar je nachdem die Fertigstellung der Waren einfache oder besondere Einrichtungen, Maschinenbetrieb usw. erfordert; tüchtige fachmännische Kenntnisse, größte Aufmerksamkeit und fortgesetzte Nachprüfungen sind erforderlich, um das Richtige jederzeit zu finden.

Bei Berechnung der Selbstkosten der von der Sattler-Lieferungsgenossenschaft hergestellten Waren ist bei den Rohstoffen ein nach der Art der Waren verschiedener Aufschlag für Verschnitt usw. berechnet. Für die Verteilung der Unkosten ist folgendes angenommen:

Es werden jährlich gezahlt

an Löhnen

für 5 Gehilfen	ℳ	9 000.—
„ 2 Lehrlinge	„	1 000.—
„ 2 Arbeiter	„	2 000.—
zus.	ℳ	12 000.—

an allgemeinen Unkosten

für Miete	ℳ	1 500.—
„ Buchhalter	„	2 000.
„ Vorstand	„	5 500.
„ Steuern, Licht, Reinigung, Feuerung, Kassenbeiträge usw.	„	2 500.—
zus.	ℳ	11 500.

an Betriebsunkosten

für Meister	ℳ	1 350.—
„ Arbeiter	„	900.—
„ elektr. Strom	„	600.
„ Verbrauchsstoffe	„	500.
„ Verschiedenes	„	400.—
zus.	ℳ	3 750.—

Die allgemeinen Unkosten betragen demnach rund 95%, die Betriebsunkosten rund 30% der gezahlten Löhne. Dementsprechend sind je nach der Art der Waren an Allgemeinen Unkosten zwischen 80 und 100%, an Betriebsunkosten zwischen 25 und 50% der gezahlten Löhne in Anrechnung zu bringen. Alljährlich oder in kürzeren Zwischenräumen ist nachzuprüfen, ob die Aufschläge auf Rohstoffe und die in Anrechnung gebrachten Prozentsätze für allgemeine Unkosten und Betriebsunkosten richtig gewesen sind. Ergibt sich, daß dies nicht der Fall gewesen ist, so sind Änderungen vorzunehmen und die vorhandenen Differenzen durch entsprechende Buchungen zu beseitigen. Man vergleiche die ausführlichen Erläuterungen Seite 40 u. folg., Jahresrechnung und Ausgleichbuchungen. Die Selbstkostenberechnungen werden in ein gebundenes, mit Namenverzeichnis versehenes Buch eingetragen. Gibt die Genossenschaft auf Grund von Voranschlägen Angebote ab, so sind die Angebote in dieses Buch einzutragen und, wenn Aufträge daraufhin erteilt werden, nach Ausführung derselben durch neue, den wirklichen Aufwendungen entsprechende Berechnung die Richtigkeit der Voranschläge zu untersuchen.

Aus den Geschäftsvorfällen No. 22, 23, 24 usw. ist zu ersehen, in welcher Weise die Selbstkostenberechnungen aufgestellt werden.

III. Teil.

Hauptbuchführung einer Schneiderlieferungs-genossenschaft.

In diesem Abschnitt soll die Buchführung einer Schneider-Lieferungsgenossenschaft behandelt werden, die bisher ausschließlich vorgearbeitete Zuschnitte bezieht und durch ihre Mitglieder die Fertigstellung ausführen läßt. Diese Art ist gewählt worden, weil der größte Teil der bestehenden Schneider-Lieferungsgenossenschaften bisher und wohl auch für die nächste Zeit nur für die Heeresverwaltung beschäftigt ist, welche die Zuschnitte bekanntlich fix und fertig vorgearbeitet liefert, so daß nur noch die Fertigstellung durch die Mitglieder erforderlich ist. Nur eine geringe Anzahl Schneider-Lieferungsgenossenschaften, die sich an der Lieferung von Post- und Eisenbahnuniformen beteiligt, besitzt eigene Zuschneidewerkstätten. Diese letzteren Genossenschaften finden die hierzu nötige, erweiterte bücherliche Einrichtung im vorhergehenden Abschnitt erläutert.

Die Lieferungsgenossenschaften ohne Zuschneidebetrieb stellen die einfachste Form einer Genossenschaft und den einfachsten Betrieb dar. Infolgedessen ist auch die Buchführung weniger umfangreich, da durch Wegfall des Zuschneidebetriebes und der damit verbundenen Berechnung der Selbstkosten usw. eine Anzahl Konten nicht benötigt werden, die bei anderen Genossenschaften erforderlich sind.

Da bereits im vorhergehenden Abschnitt (II. Teil: Hauptbuchführung einer Sattler-Genossenschaft) die bücherliche Einrichtung einer Lieferungsgenossenschaft und die Buchungen an Hand einer großen Anzahl Geschäftsvorfälle aller Art sehr ausführlich behandelt worden sind, so wird im allgemeinen für diesen Abschnitt, um Wiederholungen zu vermeiden, auf die Ausführungen im vorhergehenden Abschnitt verwiesen. Nur da, wo bei den einzelnen Büchern andere Einrichtungen oder Einteilungen sich empfehlen, sind diese besonders erwähnt und besprochen.

Die in nachfolgendem behandelte Buchführung ist dem Geschäftsverkehr einer Genossenschaft entnommen, die im Dezember 1914 gegründet ist und Anfang 1915 den Betrieb eröffnet hat. Der Geschäftsanteil beträgt ℳ 200.—, die Haftsumme ebenfalls ℳ 200.—. Das Eintrittsgeld ist für jedes Mitglied auf ℳ 10.— festgesetzt und fließt ungekürzt dem Rücklage-Konto zu. Zur Verstärkung der Betriebsmittel hat die Genossenschaft bei einer am Platze vorhandenen Genossenschaftsbank auf Ersuchen einen Kredit eingeräumt erhalten, der aber bisher nur in ganz geringem Umfange in Anspruch genommen zu werden brauchte.

Die von dieser Genossenschaft benutzten Formulare, die sich bisher vortrefflich bewährt haben, sind im Anhang beigefügt und dürften manchem Leiter einer Lieferungsgenossenschaft bei Einrichtung der Genossenschaft willkommen sein.

Der Vorstand der Genossenschaft besteht aus drei Personen.

Die Buchführung ist eingeteilt in

Hauptbuchführung und
Lagerbuchführung.

Dem 1. Vorstandsmitgliede ist die kaufmännische Leitung und Hauptbuchführung zugewiesen, dem 2. Vorstandsmitgliede die fachmännische Leitung, die Aufsicht, Führung des Lagers und die Lagerbuchführung, dem 3. Vorstandsmitgliede liegt die Unterstützung der anderen beiden Vorstandsmitglieder und event. Stellvertretung derselben ob. Demzufolge besorgt das 1. Vorstandsmitglied die kaufmännische Leitung, führt die Hauptbücher und Kasse, während das 2. Vorstandsmitglied in der Hauptsache die Verteilung der Zuschnitte, Annahme der fertigen Stücke und den Versand leitet, die Lagerbücher führt und die Abrechnungen über die Ein- und Ablieferungen der Mitglieder besorgt.

Für die Hauptbuchführung sind folgende Bücher vorhanden:

1. Inventur- und Bilanzbuch,
2. Tagebuch,
3. Hauptbuch.

1. Inventur- und Bilanzbuch.

Hierfür sind die Ausführungen im II. Teil Seite 10/11 maßgebend; vergl. Formular Nr. 1 im Anhange und Seite 49/50: Ausgeführte Buchungen.

2. Tagebuch.

Auch hierfür gilt das im II. Teil Seite 11 und folg. im allgemeinen Gesagte, jedoch kommen für Schneider-Lieferungsgenossenschaften folgende Änderungen in Betracht.

Betriebsunkosten-Konto und Allgemeines Unkosten-Konto können in ein gemeinsames Unkosten-Konto zusammengefaßt werden, da wie schon gesagt, eine Trennung in Betriebs- und allgemeine Unkosten nur da erforderlich ist, wo die reinen Betriebsunkosten zur Berechnung der Selbstkosten benötigt werden.

Ebenso kann das Lieferanten-Konto und Kunden-Konto in ein Konto zusammengefaßt werden, da die meisten Schneider-Lieferungsgenossenschaften nur mit einem Kriegsbekleidungsamt als

Kunden in Verbindung stehen und sich daher bei diesen Genossenschaften die Führung eines besonderen Kunden-Kontos erübrigt.

Die Vereinigung dieser beiden Konten bringt allerdings den Übelstand mit sich, daß man, um z. B. den Gesamtbetrag der Schulden zu ermitteln, von der sich ergebenden Endsumme des gemeinsamen Lieferanten- und Kunden-Kontos erst die festgestellte Summe der ausstehenden Forderungen abziehen muß.

Will man die Möglichkeit haben, jederzeit schnell den Gesamtbetrag der Schulden und der ausstehenden Forderungen feststellen zu können, so muß Lieferanten-Konto und Kunden-Konto getrennt geführt werden.

In Fortfall kann das Akzept-Konto kommen, da die Genossenschaft in der Hauptsache nur an Mitglieder Zahlungen zu leisten hat und diese in bar erfolgen.

Ebenso kann das Lohn-Konto wegfallen, da nur Macherlöhne zur Auszahlung gelangen, die über Fert. Waren-Konto verbucht werden können. Für Fert. Waren-Konto kann man zweckmäßig auch Fert. Stücke-Konto setzen.

Ferner ist ein besonderes Betriebskapital-Konto nicht erforderlich, sofern, wie in dem vorliegenden Falle, nicht einzelne Mitglieder der Genossenschaft besonderes Betriebskapital vorgestreckt haben, sondern eine Genossenschaftsbank Geldgeberin ist. In diesem Falle genügt das vorhandene Bank-Konto, das dann bei Beanspruchung eines Bankkredites als Betriebskapital-Konto gelten kann.

Da Schneider-Genossenschaften meist eine größere Mitgliederzahl aufweisen als Sattler-Genossenschaften und demzufolge auch größeren Umsatz auf Mitgliederguthaben-Konto und Gewinnanteil-Konto zu verzeichnen haben, so ist für diese beiden Konten zweckmäßig eine besondere Spalte im Tagebuch einzurichten.

Das Tagebuch enthält dann links und rechts gleichlautend folgende Konten:

> Kasse-, Wechsel- und Scheck-Konto, Bank-Konto, Lieferanten- und Kunden-Konto, Zutaten-Konto, Unkosten-Konto, Fert. Waren- oder Fert. Stücke-Konto, Material-Konto, Geschäftsanteil- und Gewinnanteil-Konto, Konten für Verschiedene.

Ein Formular für das Tagebuch, das auch eine Anzahl Buchungen für Schneider-Genossenschaften enthält, befindet sich unter Nr. 2 im Anhang Seite 95.

Für solche Schneider-Genossenschaften, die auch Rohstoffe, Nähmaterialien usw. für ihre Mitglieder beziehen, muß natürlich zweckentsprechend ein besonderes Rohstoff-Konto, Nähmaterialien-Konto usw. eingerichtet werden.

3. Hauptbuch.

Den Ausführungen über das Hauptbuch auf Seite 18 ist noch folgendes hinzuzufügen.

Für das Sammelkonto Fert. Waren- oder Stücke-Konto werden im Hauptbuch zweckmäßig Einzelkonten (siehe Formular Nr. 3) für Röcke-, Hosen-, Mäntel-, Mützen- und Unterhosen-Konto errichtet, um in gewissen Zwischenräumen die in den einzelnen Arten gemachten Lieferungen leicht und schnell ermitteln zu können. Noch bessere Übersicht erhält man, wenn bei diesen Konten in Belastung und Gutschrift für die Stückanzahl noch je eine besondere Spalte eingerichtet wird, in welche die monatlichen Stückzahlen aus dem Lagerbuch übertragen werden, so daß aus der monatlich anzufertigenden Übersicht nicht nur die Beträge, sondern auch die Anzahl der ein- und abgelieferten Stücke zu ersehen sind.

Lieferanten-Konto. Für die Abrechnungen mit den Mitgliedern ist das Lieferanten-Konto maßgebend. Jedes Mitglied erhält hierin ein besonderes Konto. Diesem werden die den Mitgliedern jeweilig verabfolgten Zuschnitte, Zutaten und Rohstoffe, sowie die gezahlten Beträge für abgelieferte fertige Stücke aus dem Lagerbuch belastet; dagegen die Rechnungsbeträge für fertige Stücke und die gezahlten Beträge für Zutaten und Rohmaterialien, soweit solche nicht durch Abrechnung verrechnet werden, gutgeschrieben. Über dieses Konto muß der gesamte Umsatz in Zutaten, Rohstoffen und an Macherlöhnen verbucht werden, um am Jahresschluß die Unterlagen für die Berechnung des Rabattes, der Einkaufsdividende bei Rohstoffbezügen oder etwaiger Lohnnachzahlung zu bilden. Dieses Konto gibt dann auch durch die Belastung der Zuschnitte und Gutschrift der fertigen Stücke gleich genauen Aufschluß über den jeweiligen Stückebestand bei den einzelnen Mitgliedern. Bei der Stückezahl wird der Guthaben- oder Schulden-Vortrag am Jahresschluß ebenso ermittelt, wie bei den Kassazahlen.

Im Anhang ist unter Formular Nr. 4 ein derartiges Lieferanten-Konto beigegeben, aus dem die Einrichtung und Buchung genau ersichtlich ist.

Diese persönlichen Konten der Mitglieder werden am Jahresschluß ebenso wie die anderen Konten abgeschlossen und der sich ergebende Betrag- und Stückzahl-Vortrag neu vorgetragen, wie vorstehend dargestellt. Zur Kontrolle, ob alle Buchungen mit denen der Mitglieder übereinstimmen, werden nach erfolgtem Abschluß die Mitglieder von dem Stande ihres Kontos benachrichtigt und um Bestätigung ersucht.

Lagerbuchführung.

Das lagerführende Vorstandsmitglied (Lagerhalter) hat das gesamte Lager zu überwachen und alle diesbezüglichen Geschäftsvorfälle zu buchen. Das Lager wird zweckmäßig eingeteilt in: a) Zuschnitte, b) Fert. Stücke, c) Nähzutaten und d) Rohstoffe, wodurch eine Übersicht und Nachprüfung der Bücher und Bestände erleichtert wird.

Die Buchführung läßt sich nun so einrichten, daß entweder für jede dieser Abteilungen ein besonderes Buch angelegt wird oder aber alle Buchungen in ein Lagerbuch, das entsprechende Konteneinteilung aufweist, erfolgen. Beide Arten sollen hier der Reihe nach behandelt werden und bleibt es jeder Genossenschaft überlassen, das Vorteilhafteste für sich zu wählen.

Die Bezeichnungen „Zuschnitte" und „Fert. Stücke" stellen Sammelbezeichnungen dar und zerfallen in Röcke, Hosen, Mäntel, Mützen, Unterhosen usw. Demzufolge zerfällt das einzurichtende Zuschnittebuch und ebenso das Fert. Stückebuch in Röcke-, Hosen-, Mäntel-, Mützen-, Unterhosen- usw. Konto, während im Nähzutatenbuch lediglich Nähzutaten und im Rohstoffebuch nur Rohstoffe verbucht werden.

Sämtliche Lagereingänge sind in diese Bücher auf der Lastschriftenseite und alle Lagerausgänge auf der Gutschriftenseite einzutragen. Im Zuschnittebuch werden also die vom Bekleidungsamt eingegangenen Zuschnitte getrennt dem Röcke-, Hosen- usw. Konto als dem empfangenden Konto auf der Lastschriftenseite belastet. Dagegen werden die an die Mitglieder der Genossenschaft ausgegebenen Zuschnitte dem Röcke-, Hosen- usw. Konto als dem gebenden Konto auf der Gutschriftenseite gutgebracht.

Im Fert. Stückebuch werden die von den Mitgliedern abgelieferten fertigen Stücke getrennt dem Röcke-, Hosen- usw. Konto als dem empfangenden Konto auf der Lastschriftenseite belastet; dagegen müssen die an das Bekleidungsamt zur Ablieferung gelangenden fertigen Stücke dem Röcke-, Hosen- usw. Konto auf der Gutschriftenseite gutgebracht werden.

Zur Erläuterung der Buchungen ist aus dem Zuschnittebuch das Röcke-Konto und aus dem Fert. Stückebuch das Hosen-Konto im Anhang unter Formular Nr. 5 und Nr. 6 dargestellt.

Der leichteren Übersicht wegen ist es für den Lagerhalter empfehlenswert, wenn diese Bücher das ganze Jahr hindurch laufend weitergeführt werden. Durch einfaches Zusammenzählen der letzten Seite ist der Lagerhalter dann jeden Tag in der Lage, den jeweiligen Sollbestand der einzelnen oder bei Zusammenzählung aller Konten den Sollbestand der gesamten Lagergegenstände genau festzustellen. Durch Vergleichung mit dem

Istbestand des Lagers läßt sich so sehr leicht zu jeder Zeit eine genaue Vergleichung ermöglichen. Als Unterlage für die Hauptbuchführung muß dann aber von diesen das ganze Jahr durchlaufend geführten Lagerbüchern eine besondere Reinschrift angefertigt werden, die jedoch monatlich abgeschlossen werden muß, damit die einzelnen Monatsumsätze monatlich in das Hauptbuch übertragen werden können.

Zusammengefaßtes Lagerbuch.

Will man die Einrichtung mehrerer Bücher für die einzelnen Lagerabteilungen vermeiden, so ist das im Anhang unter Nr. 7 abgedruckte Lagerbuch zweckdienlich zu verwenden. Die Anordnung dieses Lagerbuches ist ähnlich dem im II. Teil besprochenen Tagebuch. Links und rechts befindet sich auf der Lastschriften- bezw. Gutschriftenseite je eine Konteneinteilung aller für die Lagerbuchführung in Frage kommenden Konten, während in der Mitte der Raum für das Datum, für die Geschäftsvorfälle und die Hauptbuchseiten angeordnet ist.

Es wird sich folgende Konteneinteilung empfehlen: Zuschnitte-Konto: Röcke, Hosen, Mäntel, Mützen, Unterhosen usw., Fert. Stücke-Konto: Röcke, Hosen usw., Zutaten-Konto, Rohstoffe-Konto, Lieferanten-Konto und Kunden-Konto.

Bei den Zuschnitten kommt nur die Stückzahl in Frage und ist daher nur eine Rubrik für die Zahlen vorgesehen. Bei den Fert. Stücken ist eine Spalte für die Anzahl und eine für die Beträge notwendig. Weitere Konten können nach Belieben und Erfordernis hinzugefügt werden.

Die Art und Weise der Buchungen ergibt sich aus den auf Seite 85 gemachten Ausführungen bezüglich der Lager-Ein- und Ausgänge und ist auch aus dem beigefügten Formular Nr. 7 des Anhangs ersichtlich. Der Abschluß dieses Lagerbuches hat monatlich zu erfolgen. Es ist für den Lagerhalter zweckmäßig, die Monatsumsätze wie beim Tagebuch in ein Sammelkonto einzutragen, um eine ständige Übersicht zu haben.

Abrechnung mit den Mitgliedern.

Für die vorzunehmende Abrechnung mit den Mitgliedern nach erfolgter Ablieferung von fertigen Stücken ist ein zweckentsprechendes Formular unter Nr. 8 im Anhang vorhanden, dessen Benutzung zu empfehlen ist.

Die Quittungen und Abrechnungen werden am besten laufend nummeriert und eingeheftet aufbewahrt.

Anhang.

Formulare.

Formular 2 (Tagebuch) befindet sich auf Seite 95, Formular 7 (Zusammengefaßtes Lagerbuch) auf Seite 96.

Formular 1.

Inventuraufnahme am 31. Dezember 1915.

			ℳ	₰	ℳ	₰
1	Zuschnitte-Konto.					
	a) Auf Lager befindlich:					
	Waffenröcke . . . . Stückzahl	1 000				
	Tuchhosen . . . . „	2 000				
	Mäntel . . . . „	1 500				
	Feldmützen . . . . „	0				
	Stückzahl	4 500				
	b) Bei den Mitgliedern befindlich:					
	Waffenröcke . . . . Stückzahl	510				
	Tuchhosen . . . . „	1 950				
	Mäntel . . . . „	104				
	Feldmützen . . . . „	8 000				
	Stückzahl	10 564				
2	Fertigstücke-Konto.					
	Auf Lager befindlich:					
	Waffenröcke . . . . Stückzahl	0				
	Tuchhosen . . . . „	0				
	Mäntel . . . . „	0				
	Feldmützen . . . . „	0				
	Stückzahl	0				
3	Nähzutaten-Konto.	Anschaffungspreis				
	123 Rollen m. grau 70/9 . . . . à	58 ₰	71	34		
	31 „ M.-Seide . . . . „	80 „	24	80		
	63 „ Knopfloch-Seide . . . . „	175 „	110	25		
	80 „ Feldgrau 70/9 . . . . „	58 „	46	40		
	18 „ M.-Seide . . . . „	80 „	14	40		
	44 „ K.- „ . . . . „	175 „	77	—		
	60 „ Heftwolle 20/2 . . . . „	20 „	12	—		
	269 „ rohgrau 70/9 . . . . „	58 „	156	02		
	74 „ „ 25/3 . . . . „	52 „	38	48		
	125 „ „ 30/4 . . . . „	47 „	58	75	609	44
4	Kassa-Konto.					
	Barer Kassenbestand		121	44	121	44
	Übertrag:				730	88

		M	Pf	M	Pf
	Übertrag:			730	88
5	**Wertpapier-Konto.**				
	1000 Mk. 5% Kriegsanleihe 99%	990	—		
	Ab 3 Monate 5% Stückzinsen	12	50	977	50
6	**Bank-Konto.**				
	Guthaben bei der Bank lt. Bankbuch	1 917	50	1 917	50
7	**Geschäftsinventar-Konto.**	Anschaffungspr.			
	1 Schrank	30	—		
	1 Tisch	24	—		
	3 Stühle	12	—		
	1 Schreibpult	80	—	146	—
	Da die Gegenstände erst im Dezember 1915 angeschafft worden sind, wurde auf Beschluß eine Abschreibung nicht vorgenommen, da die Gegenstände noch den Anschaffungswert haben.				
8	**Grundstücks-Konto.**				
	Geschäftshaus in der Schulstraße	12 000	—	12 000	—
	Da das Anwesen erst Ende Dezember 1915 übernommen wurde, so erübrigt sich eine Abschreibung.				
				15 771	88

Festgestellt am 31. Dezember 1915.

Der Vorstand. (Unterschriften.)

Der Aufsichtsrat. (Unterschriften.)

Hauptbuch.

Formular 3.

Röcke-Konto.

Belastungen.

1916			Seite	Anzahl	ℳ	₰
Jan.	31.	Lieferanten-Konto	L. 3	500	4 175	—
Febr.	29.	„ „	„ 6	600	5 010	—
März	31.	„ „	„ 8	400	3 340	—

Gutschriften.

1916			Seite	Anzahl	ℳ	₰
Jan.	31.	Kunden-Konto	L. 3	500	4 500	—
Febr.	29.	„ „	„ 6	600	5 400	—
März	31.	„ „	„ 8	400	3 600	—

Formular 4.

Lieferanten-Konto — Christoph Pernitz, Lengsfeld —.

Belastungen.

1916			Seite	Röcke	Hosen	Mäntel	ℳ	₰	ℳ	₰
Jan.	3.	Zuschnitte	L. 1	50						
„	3.	„	„ 2		50					
„	20.	Zutaten	„ 3				28	—		
Febr.	1.	Kassa	C. 1				539	50	567	50
„	2.	Zuschnitte	L. 1	100						
„	2.	Zutaten	„ 3				42	—		
„	25.	Kassa	C. 2				370	50		
März	5.	Zutaten	L. 3				10	—		
„	10.	Kassa	C. 2				402	50	825	—
„	10.	Zuschnitte	L. 1		50					
„	31.	Guthaben-Ausgleich							75	—
1916			Sa.	150	100				1 467	50
April	1.	Schuld-Vortrag . .		25						

Gutschriften.

1916			Seite	Röcke	Hosen	Mäntel	ℳ	₰	ℳ	₰
Jan.	15.	Fertigstücke	L. 1		25		75	—		
„	„	„	„ 2	25			208	75		
Febr.	1.	„	„ 2	25			208	75		
„	„	„	„ 1		25		75	—	567	50
„	25.	„	„ 2	50			412	50		
März	10.	„	„ 2	50			412	50	825	—
„	25.	„	„ 1		25		75	—	75	—
„	31.	Schuld-Ausgleich . .			25					
1916			Sa.	150	100				1 467	50
April	1.	Guthaben-Vortrag .							75	—

Formular 5.

Zuschnittebuch.

Röcke-Konto.

Belastungen.

1916			Seite	Anzahl
Jan.	2.	Kriegsbekleid.-Amt, Cassel	L. 10	1000
		Übertrag		

Gutschriften.

1916			Seite	Anzahl
Jan.	3.	Chr. Pernitz, Lengsfeld	L. 1	50
„	3.	W. Langlotz, Vacha	„ 2	50
„	4.	H. Kaiser, Tiefenort	„ 3	30
„	5.	P. Müller, Vacha	„ 4	30
		Übertrag		

Formular 6.

Fertigstückebuch.

Hosen-Konto.

Belastungen.

1916			Seite	Anzahl	ℳ	₰
Jan.	15.	Chr. Pernitz, Lengsfeld	L. 1	25	75	—
„	16.	W. Langlotz, Vacha	„ 2	50	150	—
„	17.	H. Becker, Vacha	„ 5	50	150	—
„	19.	H. Kaiser, Tiefenort	„ 3	40	120	—
		Übertrag				

Gutschriften.

1916			Seite	Anzahl	ℳ	₰
Jan.	30.	Kriegsbekleid.-Amt, Cassel	L. 10	500	1 625	—
		Übertrag				

Formular 8.

№ ....

Abrechnung.

Für Herrn Schneidermeister .... in ....
von Lieferungsgenossenschaft der Schneidermeister e. G. m. b. H. in B. . . . . über angelieferte

	ℳ	₰	ℳ	₰
.... Stück Militär-Röcke à ℳ	....	....	....	....
.... „ „ Hosen à ℳ	....	....	....	....
.... „ „ Mäntel à ℳ	....	....	....	....
.... à ℳ	....	....	....	....
.... à ℳ	....	....	....	....
Ab: erhaltene Nähzutaten				....
am	....	....	....	....
....	....	....	....	....
....	....	....	....	....
....	....	....	....	....
....	....	....	....	....
....	....	....	....	....
....	....	....	....	....
bleiben ℳ			....	....

welchen Betrag Sie anbei in einer Anweisung auf die Gewerbebank zu B. . . . . erhalten.

B. . . . ., den .... 1916.

Lieferungsgenossenschaft der Schneidermeister
e. G. m. b. H.

Mit vorstehender Abrechnung gehe ich einig und bescheinige den Empfang der obigen Mk.: ....

B. . . . ., den .... 1916.

Formular 9.

Bilanz vom 31. Dezember 1915.

Vermögen.	ℳ	₰	Schulden.	ℳ	₰
Kassa-Konto	121	44	Geschäftsanteil-Konto	6 734	30
Bank-Konto	1 917	50	Rücklage-Konto	390	—
Wertpapier-Konto	977	50	Lieferanten-Konto	6 935	61
Grundstücks-Konto	12 000	—	Hypotheken-Konto	4 000	—
Geschäftsinventar-Konto	146	—	Gewinn- und Verlust-Konto:		
Kunden-Konto	3 108	09	Reingewinn	820	06
Zutaten-Konto	609	44			
	18 879	97		18 879	97

B. . . . ., den 31. Dezember 1915.

Lieferungsgenossenschaft der Schneidermeister
e. G. m. b. H.
(Unterschriften der Vorstandsmitglieder.)

Formular 10.

Gewinn- und Verlust-Konto.

Belastungen.	ℳ	₰	Gutschriften.	ℳ	₰	ℳ	₰
Unkosten-Konto	6 034	66	Fert.-Waren-Konto:				
Zinsen auf Bank-Konto	34	35	Röcke-Konto	1 974	—		
Reingewinn	820	06	Hosen-Konto	1 656	75		
			Mäntel-Konto . . .	2 949	90		
			Mützen-Konto	50	—	6 630	65
			Zutaten-Konto			231	62
			Zinsen auf Bank-Konto			26	80
	6 889	07				6 889	07

Formular 11.

Geschäftsanteil-Guthabenbuch.

Schneidermeister Wilh. Meier in Dermbach.

			Zinsen	Seite	M	Pf
1915						
Jan.	3.	Kasse für Geschäftsanteil	2.—	C. 1	50	—
"	30.	" " "	1.83	C. 2	50	—
Febr.	28.	" " "	1.67	C. 4	50	—
März	30.	" " "	1.50	C. 8	50	—
			7.00			
		Bestand am 31. Dezember 1915			200	—
		4 % Gewinnanteil für 1915			7	—
1916					207	—
Febr.	1.	Kasse für Gewinnanteil		C. 3	7	—
		Bestand am 31. Dezember 1916			200	—

Formular 12.

Gustav Bähr, Geschäftsanteil- und Gewinnanteil-Konto.

Tag		Belastungen	Gewinnanteil M	Pf	Geschäftsanteil M	Pf	Tag		Gutschriften	Gewinnanteil M	Pf	Geschäftsanteil M	Pf
1915							1915						
Okt.	17.	Kasse für Gewinnanteil . .	20	—			Juli	1.	Kasse für 1 Geschäftsanteil . .			1 000	—
1916													
Juni	30.	Guthaben-Ausgleich			1 000	—	Okt.	16.	2 % Gewinnanteil auf M 1 000 .	20	—		
			20	—	1 000	—				20	—	1 000	—
							1916						
							Juli	1.	Guthaben-Vortrag			1 000	—

Bel

Geschäftsvorfall Nr.	Verschiedene: Inventar-Konto, Masch.- u. Geräte- „, Grundstücks- „, Hypotheken- „, Rücklage- „, Gewinn- u. Verlust- „		Geschäfts- und Gewinnanteil-Konto an Geschäfts- und Gewinnanteil gegeben		Rohstoffe-Konto an Rohstoffe empfangen		Fert. Waren- oder Stücke-Konto für Macherlöhne gezahlt		Unkosten-Konto für Unkosten gezahlt		Zutaten-Konto an Zutaten empfangen		Kun… Ko… a… Kun… geg…
	ℳ	₰	ℳ	₰	ℳ	₰	ℳ	₰	ℳ	₰	ℳ	₰	ℳ
1													
2													
3													
4													
5	Inventar-Kto. 30	—											
6									65	—			
7									5	50			
8													
9													
10													
11													
12													
13									44	50			
14													
15													
16													
17													
18													
19													
20					1 560	50							
	30	—			1 560	50			115	—			

ngen. **Tage**

Lieferanten-Konto an Lieferanten gegeben ℳ	₰	Bank-Konto an Bank gegeben ℳ	₰	Kasse-, Wechsel- und Scheck-Konto Kasse, Wechsel und Schecks empfangen ℳ	₰	Hauptbuch Seite	Tag	Geschäftsvorfälle **Monat Januar 1916**
				(rot) **121**	**14**			Kassenbestand am 1. Januar 1916
							2	Geschäftsanteil-Kto. zahlt an Kasse-Kto. durch Chr. Perniß für Geschäftsanteil
				150	—			„ H. Kaiser für Geschäftsanteil
							2	Rücklage-Kto. zahlt an Kasse-Kto. durch Chr. Perniß für Eintrittsgeld
				20	—			„ H. Kaiser für Eintrittsgeld
							3	Lief.-Kto. H. Güth liefert an Inventar-Kto. 1 Schrank
							3	Lief.-Kto Hopf, Hofbuchdr., liefert an Unkosten-Kto. div. Drucksachen
							4	Kasse-Kto. zahlt an Unkosten-Kto. elektr. Licht für Dezember
							5	Bank-Kto. zahlt an Kasse-Kto.
				1 000	—			Kasse
							6	Kasse-Kto. zahlt an Lief.-Kto. H. Kaiser
								„ „ W. Langlotz
771	25							„ „ W. Müller
							7	Kasse-Kto. zahlt an Unkosten-Kto. Fracht auf Ladung nach Cassel
								Rollgeld an Spediteur
							9	Kunden-Kto. zahlt an Bank-Kto.
		15 748	50					Kriegsbekl.-Amt überweist an Gewerbebank
							9	Geschäftsanteil-Kto. zahlt an Kasse-Kto.
				100	—			durch H. Becker für Geschäftsanteil
							10	Kasse-Kto zahlt an Bank-Kto.
		300	—					Kasse
							11	Bank-Kto. gibt an Lief.-Kto. H. Becker Scheck Nr. 1501
								„ „ G. Schneider Scheck Nr. 1502
801	25							„ „ Chr. Leopold Scheck Nr. 1503
							11	Lief.-Kto. M. Schulze-Berlin liefert an Rohstoffe-Kto. laut Rechnung
1 572	50	16 048	50	1 270	—			Überträge

ormular 2.

…buch.

Guts…

Einzel-Beträge ℳ	₰	Gesamt-Beträge ℳ	₰	Hauptbuch Seite	Kasse-, Wechsel und Scheck-Konto: Kasse, Wechsel und Scheck gegeben ℳ	₰	Bank-Konto: von Bank empfangen ℳ	₰	Lieferanten-Konto: von Lieferanten empfangen ℳ	₰	Kunden-Konto: von Kunden empfangen ℳ	₰	Zutaten-Konto: für Zutaten berechnet ℳ	₰	U… be…
100	—														
50	—	150	—												
10	—														
10	—	20	—												
		30	—						30	—					
		65	—						65	—					
		5	50		5	50									
		1 000	—				1 000	—							
208	75														
412	50														
150	—	771	25		771	25									
30	50														
14	—	44	50		44	50									
		15 748	50								15 748	50			
		100	—												
		300	—		300	—									
412	50														
208	75														
180	—	801	25				801	25							
		1 560	50						1 560	50					
		20 596	50		1 121	25	1 801	25	1 655	50	15 748	50			

Formular 2.

ften.

Fert. Waren- oder Stücke-Konto für Macherlöhne berechnet		Rohstoffe-Konto für Rohstoffe berechnet		Geschäfts- und Gewinnanteil-Konto für Geschäfts- und Gewinnanteil berechnet		Verschiedene: Inventar-Konto, Masch.- u. Geräte- „, Grundstücks- „, Hypotheken- „, Rücklage- „, Gewinn- u. Verlust- „		Bemerkungen
M	Pf	M	Pf	M	Pf	M	Pf	
				150				
						Rücklage-Kto. 20	—	
				100				
				250	—	20	—	

Formular 7.

Belastu

Zuschnitte-Konto					Fert. Stücke-Konto											
Röcke	Hosen	Mäntel	Mützen	Unterhosen	Röcke			Hosen			Mäntel			Mützen		
Anzahl	Anzahl	Anzahl	Anzahl	Anzahl	Anzahl	ℳ	₰	Anzahl	ℳ	₰	Anzahl	ℳ	₰	Anzahl	ℳ	₰
1 000																
	2 000															
		1 000														
			5 000													
				3 000												
					25	208	75									
								25	75	—						
					50	417	50									
								50	150	—						
1 000	2 000	1 000	5 000	3 000	75	626	25	75	225	—						

n. Lagerbuch.

…terhosen M	Pf	Zutaten-Konto M	Pf	Rohstoffe-Konto M	Pf	Lieferanten-Konto M	Pf	Kunden-Konto M	Pf	Hauptbuch Seite	Tag	Geschäftsvorfälle Monat Januar 1916
												Überträge
										10	2	Kunden-Kto liefert an Zuschnitte-Kto.
												Kriegsbekl.-Amt, Cassel, sandte:
												Röcke- Zuschnitte
												Hosen- „
												Mäntel- „
												Mützen- „
												Unterhosen- „
										10	2	Kunden-Kto. liefert an Zutaten-Kto.
												Kriegsbekl.-Amt, Cassel, sandte
		1 180	70									Zutaten laut Aufstellung
											3	Zuschnitte-Kto. gibt an Lieferanten-Kto.
												Chr. Pernitz, Lengsfeld, erhielt
												Röcke-Zuschnitte
												Hosen- „
											3	W. Langlotz, Vacha, erhielt
												Röcke- Zuschnitte
												Hosen- „
												Unterhosen- „
											3	H. Becker, Vacha, erhielt
												Mäntel-Zuschnitte
												usw.
											15	Lieferanten-Kto. liefert an Fertigstücke-Kto.
												Chr. Pernitz, Lengsfeld, liefert
												Röcke
												Hosen
											„	W. Langlotz, Vacha, liefert
												Röcke
												Hosen
										10	20	Fertigstücke-Kto. liefert an Kunden-Kto.
												Kriegsbekl.-Amt, Cassel, erhält
								4 500	—			Röcke
								1 950	—			Hosen
											20	Zutaten-Kto. gibt an Lieferanten-Kto.
						28	—					Chr. Pernitz, Lengsfeld, erhält Zutaten
						20	50					H. Becker, Vacha „ „
		1 180	70			48	50	6 450	—			Überträge

Gutschri…

Zahlen	Betrag ℳ	Betrag ₰	Hauptbuch Seite	Kunden-Konto ℳ	Kunden-Konto ₰	Lieferanten-Konto ℳ	Lieferanten-Konto ₰	Rohstoffe-Konto ℳ	Rohstoffe-Konto ₰	Zutaten-Konto ℳ	Zutaten-Konto ₰	Röcke Anzahl	Röcke ℳ	Röcke ₰	H… Anzahl
1 000															
2 000															
1 000															
5 000															
3 000															
	1 180	70		1 180	70										
			1												
50															
50															
			2												
100															
100															
1 000															
			5												
50															
			1												
25	208	75				208	75								
25	75	—				75	—								
			2												
50	417	50				417	50								
50	150	—				150	—								
500	4 500	—										500	4 500	—	
600	1 950	—													600
	28	—	1							28	—				
	20	50	5							20	50				
14 600	8 530	45		1 180	70	851	25			48	50	500	4 500	—	600

…n.

	Fert. Stücke-Konto									Zuschnitte-Konto				
	Mäntel			Mützen			Unterhosen			Röcke	Hosen	Mäntel	Mützen	Unter-hosen
₰	Anzahl	M	₰	Anzahl	M	₰	Anzahl	M	₰	Anzahl	Anzahl	Anzahl	Anzahl	Anzahl
										50				
											50			
										100				
											100			
														1 000
												50		
—														
—										150	150	50		1 000

Handbibliothek für das Deutsche Genossenschaftswesen.

Herausgegeben von Anwalt Dr. **Hans Crüger.**

1. Band. **Vorschuß- und Kredit-Vereine als Volksbanken.** Praktische Anweisung zu deren Einrichtung und Gründung von Schulze-Delitzsch. Neubearbeitet von Anwalt Dr. Hans Crüger. Achte vermehrte und verbesserte Auflage. 1915. 9 M., geb. 10 M.

2. Band. **Die Buchführung für Vorschuß- und Kreditvereine.** Praktische Anweisung zur Einrichtung und Führung der Bücher für Kreditgenossenschaften aller Art. Von Albert Vollborn. 1900. 7 M., geb. 8 M.

3. Band. **Handbuch für Konsumvereine.** Praktische Anweisung zu deren Einrichtung und Gründung von G. Oppermann und H. Häntschke. Dritte, umgearbeitete Auflage fortgeführt von Dr. Fritz Schneider. 6 M., geb. 7 M.

Das Buch enthält wohl alles, was die Gründer und Leiter eines Konsumvereins zu wissen nötig haben. Hier finden sie Anweisungen über die Form der Konstituierung, der ersten Wahlen und der Anmeldung der neuen Genossenschaft, alles erläutert durch Muster-Formulare und Beispiele, denen auch ein Muster-Statut beigelegt ist. Die Befugnisse des Vorstandes und des Aufsichtsrats werden gleichfalls an der Hand von Muster-Geschäftsordnungen dargestellt, Stellung, Rechte und Pflichten der Beamten und Angestellten des Vereins, insbesondere der Lagerhalter, werden ausführlich erörtert. . . . „Der Gemeinnützige."

4. Band. **Taschenbuch für Baugenossenschaften, Bau- und Sparvereine.** Eine Anweisung für deren Gründung und Einrichtung von Wohlgemuth. Nach dessen Tode vollendet und bearbeitet von Dr. Fritz Schneider, zurzeit Revisor des Verbands der Baugenossenschaften Deutschlands u. a. V., nebst einer Anleitung zur Buchführung von E. Spring. (Vergriffen; an die Stelle getreten: Handbuch für Baugenossenschaften von Regierungsrat Scheidt. 1913. 10 M. 50 Pf., geb. 12 M. 50 Pf.

6. Band. **Anleitung zur Gründung von Handwerkergenossenschaften.** Nebst Statuten, Geschäftsanweisungen und Formularen für den Verkehr mit dem Registergericht. Von Anwalt Dr. Hans Crüger. 2 M. 50 Pf., geb. 3 M.

8. Band. **Musterformulare für den Geschäftsverkehr der Erwerbs- und Wirtschaftsgenossenschaften.** Herausgegeben von dem Allgemeinen Verband der auf Selbsthilfe beruhenden deutschen Erwerbs- und Wirtschaftsgenossenschaften, e. V. Kart. 2 M. 50 Pf.

Die gebräuchlichsten Formulare sind in Aktenformat bei der Verlagsbuchhandlung vorrätig; ausführliches Verzeichnis kostenfrei.

9. Band. **Einführung in das Genossenschaftswesen.** Von Anwalt Dr. Hans Crüger. Brosch. 8 M., geb. 9 M.

Das Werk stellt das so lange vermißte genossenschaftliche Lehrbuch dar, das Auskunft über alle Zweige des Genossenschaftswesens gibt, vor allem über Wesen und Ziel, Geschichte und Organisation der Genossenschaften.

10. Band*. **Rechtsbuch für Genossenschaften** von Dr. E. Scholz, Beigeordnetem und Kämmerer der Stadt Wiesbaden, und Paul Donath, Amtsrichter in Gummersbach. **Preis 7 M., geb. 8 M.**

Vorliegendes Buch will den Genossenschaften in den hauptsächlich für sie in Betracht kommenden Rechtsmaterien ein Berater sein. Die für die genossenschaftliche Praxis wesentlichen Bestimmungen des Bürgerlichen und Handelsrechts, des Wechsel-, Konkurs-, Prozeß-, Steuer-, Gewerbe- und Versicherungsrechts sind hier zusammengestellt und sachgemäß in leichtverständlicher Weise erörtert, so daß der Genossenschaftler in allen einschlägigen Rechtsfragen zu dem Buch seine Zuflucht nehmen kann.

* Die früheren Bände 5 und 7 sind jetzt in Band 10 vereinigt!

Druck von Otto Walter, Berlin S. 14.

Hermann Schulze-Delitzsch's Schriften und Reden

Herausgegeben im Auftrage des Allgemeinen Verbandes der auf Selbsthilfe beruhenden deutschen Erwerbs- und Wirtschaftsgenossenschaften

von

F. Thorwart, Frankfurt a. M.,

in Verbindung mit Genossenschaftsanwalt Justizrat Prof. Dr. **H. Crüger,** Prof. Dr. **G. Küntzel,** Dr. **E. Lennhof,** Dr. **Fritz Schneider** und Prof. Dr. **Stein.**

5 Bände Gr. 8°. Preis geb. in Ganzleinen 30 M.

Der Initiative des Allgemeinen Verbandes der deutschen Erwerbs- und Wirtschaftsgenossenschaften seine Entstehung verdankend, will das Werk der literarischen und rednerischen Tätigkeit Schulze-Delitzsch's, des Schöpfers des deutschen Genossenschaftswesens, eine Sammelstätte bereiten, in der auch der Nachwelt die bleibende Bedeutung des Meisters vor Augen treten soll.

Es bietet in fünf stattlichen Bänden eine zusammenfassende, übersichtliche Darstellung des gesamten Wirkens und Schaffens Schulze-Delitzsch's, wie sie in dieser Vollständigkeit bisher noch nicht existierte. Schulze's genossenschaftliche Tätigkeit, seine Anteilnahme an der sozialen Bewegung Deutschlands, seine Tätigkeit in der inneren und äußeren preußisch-deutschen Politik, wie überhaupt seine ganze Betätigung auf den verschiedensten Gebieten des Gemeinwohles werden in anschaulichster Weise dargestellt, unterstützt durch tunlichst genaue Wiedergabe seiner Reden und Schriften, die mit erläuterndem Texte versehen sind, um den Leser in die Verhältnisse und Umstände einzuführen, aus denen heraus die Rede oder die Schrift entstanden ist.

Das Werk ist von großem Wert für jeden, der sich mit der Geschichte des deutschen Genossenschaftswesens vertraut machen will, denn bis zum Tode Schulze-Delitzsch's im Jahre 1883 verkörpert sich in ihm die Gestaltung des Genossenschaftswesens. Wir lernen die Anfänge des Genossenschaftswesens kennen, wir werden bekannt gemacht mit den Kämpfen um die gesetzliche Anerkennung, mit all den Widerwärtigkeiten, die Schulze-Delitzsch zu überwinden hatte, um seinen Genossenschaften freie Bahn zu schaffen. Und nicht minder wichtig ist der Band, der die genossenschaftlichen Schriften und Reden Schulze-Delitzsch's wiedergibt, für den Volkswirt. Für ihn ist allerdings vielleicht noch bedeutungsvoller der zweite Band, in dem Schulze-Delitzsch's Anteilnahme an der sozialen Bewegung Deutschlands durch Wiedergabe seiner Reden und Schriften gezeichnet wird, die sich mit der sozialen Frage beschäftigen. Handwerker und Arbeiter in ihrer Einheit sind für Schulze der Mittelstand, das Fundament des Staates wie der bürgerlichen Gesellschaft. In seiner großen Rede über die Berufung eines Arbeiterkongresses, die den Ausgangspunkt für Lassalles Pronunciamento im offenen Antwortschreiben bildet, findet er für sein politisches und soziales Glaubensbekenntnis den einfachsten Ausdruck. Auf dem deutschen Mittelstand ruht für Schulze-Delitzsch die Entwicklung des wahren deutschen Wesens. Die deutschen Arbeiter sind für Schulze-Delitzsch die, welche die Wurzel gelegt haben zu dem großen Baum bürgerlicher Freiheit. Bei der hervorragenden Stellung, die Schulze-Delitzsch im sozialen und politischen Leben einnahm, bilden seine hier wiedergegebenen Schriften und Reden zum Teil eine Fundgrube noch nicht erschlossenen Materials für die Beurteilung der Stellung des Liberalismus bei der Behandlung der sozialen Fragen vor allem in den 70er Jahren.

Mit dem dritten und vierten Band werden wir auf Grund zum Teil ganz neuer Quellen in die politischen Kämpfe vor der Entstehung Deutschlands hineingeführt. Schulze hat in der langen Zeit von 1848 bis 1870/71 in der vordersten Reihe jener Kämpfer gestanden, die durch die Schaffung konstitutioneller Verfassungen im Innern die Freiheit des Individuums in allen seinen Lebensregungen gesichert sehen wollten. Wichtige Korrespondenzen mit Rudolf v. Bennigsen, J. C. Bluntschli, Gustav Freytag, August Metz, Viktor v. Unruh u. a. werden in diesen Bänden mitgeteilt. In Schulzes politischem Entwicklungsgange prägt sich das Schicksal des Liberalismus aus. Für den Politiker und für den Historiker bieten die Bände III und IV wichtiges und vielfach neues Material. Der fünfte und letzte Band, der auch einzeln zum Preise von 6 M. abgegeben wird, enthält die genaue Biographie Schulze-Delitzsch's. Dieser Band, der obwohl in sich abgeschlossen, doch in enger Verbindung mit den anderen Bänden des Werkes steht, ist für Geschenkszwecke für den genossenschaftlichen Nachwuchs sehr geeignet.

Reichsgesetz, betr. die Erwerbs- und Wirtschaftsgenossenschaften. Kommentar zum praktischen Gebrauch für Juristen und Genossenschaften. Herausgegeben von **Ludolf Parisius** und Dr. **Hans Crüger.** **Achte, völlig umgearbeitete Auflage** von Dr. **Hans Crüger.** 1915. Gr. 8°. Preis 16 M., geb. in Ganzleinen 18 M. 50 Pf.

Seit längerer Zeit ist dieser Kommentar, von dem soeben eine völlig neubearbeitete Auflage erschien, der Kommentar des Genossenschaftsgesetzes. **Kaum** ein deutsches Spezialgesetz erfreut sich einer so glänzenden Kommentierung. Hierfür wird in ganz objektiver Weise der Beweis erbracht, indem kaum eine wichtige Entscheidung von den höchsten Gerichtshöfen einschließlich des Reichsgerichts ergeht, ohne daß die Ansicht dieses Kommentars angeführt wird, und ohne daß diese Gerichtshöfe sich entweder seiner Ansicht anschließen oder sich wenigstens in eingehender Weise mit seiner Ansicht auseinandersetzen.

Formularbuch zum Reichsgesetz, betreffend die Erwerbs- und Wirtschaftsgenossenschaften. Praktische Anleitung für die Führung des Genossenschaftsregisters und den Verkehr mit dem Registergericht. Von **Ludolf Parisius** und Dr. **Hans Crüger. Dritte Auflage** bearbeitet von Dr. **Hans Crüger.** 8°. Preis kartonniert 4 M. 25 Pf.

Genossenschaftliche Kriegshilfe. Drei Vorträge von Dr. **R. Deumer.** 1914. 8°. Preis 75 Pf.

Die Schrift gibt eine eingehende, sachkundige Darstellung von Aufgabe und Bedeutung der Genossenschaften in der Kriegszeit und will dadurch der dringend wünschenswerten Ausbreitung des genossenschaftlichen Gedankens in allen Bevölkerungsschichten, vornehmlich in den gewerblichen Kreisen, dienen.

Der Aufsichtsrat in Genossenschaften. Praktische Anweisung für die Ausübung seiner Tätigkeit von **Ernst Kuckuck,** früher Verbandsrevisor in Meiningen. 8°. Kart. 2 M.

Der Band behandelt die gesamte Revisionstätigkeit des Aufsichtsrats, seine rechtliche Stellung und Verantwortlichkeit sowie seine Mitwirkung an der Geschäftsführung nnd enthält für die Aufsichtsratsmitglieder viele praktische Winke und Hinweise zur ordnungsgemäßen Ausübung ihrer Funktionen.

Bürgerliches Gesetzbuch nebst Einführungsgesetz. Von Dr. **A. Achilles.** In Verbindung mit Professor Dr. **André,** Kammergerichtsrat **Ritgen,** Reichsgerichtsrat Dr. **O. Strecker,** Senatspräsident Dr. **K. v. Unzner,** herausgegeben von Wirkl. Geh. Ober-Justizrat **Greiff,** Oberlandes-Gerichtspräsident. **Achte Auflage.** 1910. 8°. Geb. 10 M.

Die bereits in vielen Tausenden Exemplaren verbreitete Handausgabe bietet eine vortreffliche, auch für Nichtjuristen leicht verständliche Darstellung des Rechts des Bürgerlichen Gesetzbuches; sie sollte in keiner Genossenschaftsbibliothek fehlen.

Zivilprozeßordnung mit Gerichtsverfassungsgesetz in der vom 1. Juni 1910 an geltenden Fassung. Von Dr. **R. Sydow.** Fortgeführt von **L. Busch,** Reichsgerichtsrat, und **A. Busch,** Gerichtsassessor. **14., vermehrte und verbesserte Auflage.** 1913. 8°. Geb. 9 M.

Die jedem Juristen wohlbekannte Ausgabe bildet ein zuverlässiges Nachschlagebuch für die Praxis, dessen sich auch die Genossenschaften mit großem Nutzen bedienen werden.

Litthauer-Mosse, Handelsgesetzbuch (ohne Seerecht). Mit den ergänzenden Vorschriften des Bürgerlichen Gesetzbuchs und Erläuterungen. **Fünfzehnte, gänzlich neubearbeitete Auflage.** 1915. 8°. Geb. 6 M. 50 Pf.

Unter den zahlreichen Ausgaben des deutschen Handelsgesetzbuches verdient die vorliegende handliche Ausgabe besondere Beachtung. Den einzelnen Paragraphen sind nicht nur knappe, aber gründliche Erläuterungen beigefügt, sondern es ist auch in allen Fällen auf die einschlägigen Bestimmungen anderer Gesetze, insbesondere das Bürgerliche Gesetzbuch, Bezug genommen, so daß die schwierige Materie auch für die im praktischen Leben stehenden Geschäftsleute und Fabrikanten in übersichtlicher Weise zur Darstellung gelangt.

„Mitteil. für den mittelrhein. Fabrikanten-Verein."

Druck von Otto Walter, Berlin S. 14.

FSC
www.fsc.org
MIX
Papier | Fördert gute Waldnutzung
FSC® C083111

Kolibri 360 GmbH
Ferdinand-Jühlke-Straße 7
99095 Erfurt, Deutschland
produktsicherheit@kolibri360.de